욱하는 마음
마음
다스리기

OKORANAI KOTO, OKORANAI KOTO ①②
By Alubomulle Sumanasara
Copyright ⓒ 2010 Alubomulle Sumanasara
All rights reserved.
Original Japanese edition published in 2010 by Samgha Publishing Co.,Ltd, Japan.
Korean translation rights arranged with Samgha Publishing Co.,Ltd, Japan.
and KYUNGSUNG LINE, Korea through PLS Agency.
Korean translation edition ⓒ 2012 by KYUNGSUNG LINE, Korea.

이 책의 한국어판 저작권은 PLS Agency를 통한
독점 계약으로 경성라인에 있습니다.
신저작권법에 의해 한국 내에서 보호를 받는 저작물이므로
무단 전재와 무단 복제를 금합니다.

욱하는 순간을 넘기면
인생이 달라진다!

욱하는 마음 다스리기

알루보물레 스마나사라 지음 　 강성욱 옮김 | 편집부 엮음

경성라인

contents

서문 • 10

1장 화란 무엇인가?

1. 생명은 선천적으로 화를 내기 마련이다 • 14
2. 화의 진정한 의미 • 17
3. 기쁨이야말로 '삶은 고뇌'라는 현실을 완화해 준다 • 20
4. '어두운 감정'이 강해지면 '화'가 된다 • 22
5. 세상을 파괴하는 원인은 '화'이다 • 26
6. 좋은 감정과 싫은 감정은 오로지 자신의 탓이다 • 28
7. 장미꽃이 아름다운 것은 인간의 마음이다 • 30
8. 감정의 척도는 사람마다 다르다 • 32
9. '내가 옳고 상대가 틀렸다.'라고 생각하면 화를 낸다 • 34
10. '나만이 옳다'라는 인간의 본심 • 36
11. 인간은 그 무엇도 완전할 수 없다 • 38
12. '자신'이 있으면 '타인'도 있다 • 40
13. 적절한 에너지로 노력해야 한다 • 43
14. 사회에 도움이 된다는 생각 • 46

15. 비난받으면 화를 낸다 • 49
16. 괴롭힘을 당하면 화를 낸다 • 51
17. 패배하면 화를 낸다 • 53
18. 관리하려는 화의 세계 • 55
19. 좋지 않았던 일을 떠올리면 한층 불행해진다 • 57
20. 시시한 망상이 화를 만든다 • 59
21. 이기심이 망상을 만든다 • 61
22. '나는 무엇이다.' 라는 생각에서
　　　　　　　모든 문제가 발생한다 • 63
23. '해야 할 일'은 모두 '하고 싶지 않은 일'이다 • 65

2장 화는 행복을 파괴한다

1. 감정은 화의 덩어리이다 • 68
2. 희망대로 되지 않는 것은 당연한 일이다 • 70
3. 희망과 현실 • 73
4. 현실을 직시한 인생론 • 75
5. '행복', '운수', '즐거움'은 망상개념이다 • 78
6. 행복을 추구할수록 괴로움은 늘어난다 • 80
7. '욕欲'은 '화'의 다른 버전이다 • 83
8. 성욕은 당장 버려야 할 대표적인 욕이다 • 86

9. 채널이 많으면 즐겁지만 그만큼의 괴로움도 따른다 • 89
10. 홧김에 하는 것은 무엇이든 실패한다 • 91
11. 공포를 느끼지 않는 생명은 없다 • 93
12. 인생의 목적은 무엇인가? • 95
13. 거절의 에너지가 강렬해지면 불행이 생긴다 • 97
14. 화는 본능이기 때문에 어쩔 수 없다는 자기변명이다 • 99
15. 화는 우리의 생명을 위협한다 • 102
16. '옳은 화'란 존재하지 않는다 • 105
17. 애정과 행복으로 가득 찬 용서 • 107
18. 화는 자신을 불태우는 '불꽃'이다 • 110
19. '화'는 깨닫지 못하는 사이에 몸을 파괴한다 • 112
20. 병이 빨리 낫는 사람과 낫지 않는 사람 • 114
21. 화내는 사람은 '행복 도둑'이다 • 116
22. 화내는 습관은 고치기 어렵다 • 118
23. 모든 싸움의 근원 • 120
24. 자아의 가치 • 123
25. '화를 내지 않는 것'은 모든 생명체들로부터의 요청이다 • 125
26. 상대를 쓰러트리기 전에 자신이 파괴된다 • 127
27. 세계를 바꾸려는 행동 • 129

3장 화를 극복하는 법

1. 화를 극복하는 길 •132
2. 자애가 생기면 화가 사라진다 •135
3. 밝기가 줄어든 것을 깨닫는다 •137
4. 관찰 대상은 자신의 마음이다 •139
5. 화가 나면 멈춘다 •141
6. 지름길은 지혜의 개발이다 •143
7. 가장 진지하게 '화'를 배운다 •146
8. 형식적인 인사는 의미가 없다 •148
9. 용서한다는 말은 위선이다 •150
10. 우리는 다른 생명의 덕분으로 살고 있다 •153
11. 지혜로운 평온한 마음 •155
12. 가장 무서운 벌 '무시하기' •158
13. 반성의 마음이 되지 않으면 잘못을 고칠 수가 없다 •161
14. 냉정한 자아의 세계 •164
15. 화를 내지 않는 사람만이 승리자가 될 수 있다 •166
16. 화는 금방 전염된다 •170
17. 화가 화를 부른다 •172
18. 부서진 종과 같이 되어라 •174
19. 죄의 원인이 없을 때는 누구라도 훌륭하나 •176
20. 어떤 마음으로 혼나도 화내지 않기 •180
21. 위대한 사람일수록 겸허하다 •183

22. 아인슈타인의 겸허함 • 188
23. 화내는 사람은 동물보다 못하다 • 191

4장 화를 다스리는 법

1. 자신의 마음에 있는 '화'를 자각해야 한다 • 194
2. 화를 '억제하고', '인내하는' 것은 잘못이다 • 196
3. 화를 다스리는 방법은
　　　　　　바로 자신의 마음을 보는 것이다 • 198
4. 화를 내는 사람은 패배자 이외에 아무것도 아니다 • 201
5. 패배의식 어머니를 가진 아이의 불행 • 204
6. 진실한 애정과 자신감이 있으면 말이 통한다 • 206
7. 생명의 권리는 모두 평등하다 • 208
8. 삶의 보람 • 211
9. 인생을 파괴할 정도의 문제는 없다 • 214
10. 자아를 버리면 자유로워진다 • 217
11. 자아는 자신의 족쇄이다 • 219
12. '나는 잘났다' 라는 자아 • 221
13. 작은 '성공' • 224
14. 지혜로써 해결방법을 찾는 모습 • 227
15. 화가 사라지는 웃음 • 230

16. 웃음은 강자의 증명이다 • 233
17. 마음을 진정시키고 상황을 파악해야 한다 • 237
18. 상황을 이해하면 해결방법이 보인다 • 241
19. '화내지 않는 것'은 기적을 가져온다 • 243
20. 타인이 토해낸 썩은 음식을 먹을 필요는 없다 • 245
21. 자아가 생기는 프로세스 • 248
22. 화를 내지 않는 것은 행복하기 위한 길이다 • 251

서문

 화怒를 내지 않는 것은 인생을 행복하게 사는 데 빼놓을 수 없는 중요한 마음가짐이다. 그러나 욱하는 성질을 다스려 '이제 화를 내지 말아야지' 하고 머릿속으로 생각해도 실제는 그렇게 되지 않는다.
 '화를 내는 것'은 대단히 심각한 문제이다.
 이 책에서 이야기하려는 것은 '욱하는 성질을 다스려 화를 내지 않는다.'는 것이, 사람이 일생 동안 삶의 목표로 삼을 만큼 가치가 있는 테마라고 하는 사실이며, 욱하는 성질을 다스리는 데에는 큰 용기가 필요하다. 변변치 못한 인격은 도저히 불가능한 일이자 마음을 성장시키는 일이다. 그 여정을 계단을 오르는 것처럼 한 발 한 발 실천해 나간다면 인생은 반드시 행복해진다.
 욱하는 성질을 다스려 화를 참을 때, 인간은 행복해질 수 있다. 기왕 인간으로 태어나서 살아간다면 '행복'이라는 중요한

'일'을 완수하는 것이 좋지 않을까 생각한다.

　세상은 이상하게도 '화내는 것은 좋지 않다.'라는 말과는 정반대이다. '화怒는 악惡'이라는 사실을 알지 못한다. 현실에서는 '막상 나쁜 일이 닥치면 화를 내도 어쩔 수 없다. 그렇게 해결되는 경우도 있다.'라는 생각이 일반적이다.

　그러나 '어떤 화일지라도 화로 인한 행위의 결과는 반드시 불행해진다.'는 사실을 알아야 한다.

　화는 맹독이다. 마음이 화에 물들면 인간의 성장은 멈춰버린다. 화에는 한층 깊은 마음의 진리, 생명의 진리가 감춰져 있다. 생명의 근본적인 문제와 관련된 것이다. 욱하는 성질을 다스리지 못하는 '화'는 지혜와 이해로 극복하는 것이지 인내하고 억제하는 것이 아니다. 화를 극복한다는 것은 행복해지는 과정이자 인간이 성장할 수 있는 과정이고, 그것을 한 발 한 발 밟아나가는 과정이다. 시험 삼아 해본다고 해도 아무것도 손해 볼 것이 없다. 인생을 건다는 기분으로, 마음을 여유롭게 가지고 긴 안목으로 임하기를 바란다.

1장
화란 무엇인가?

화가 아주 강해지면
자신의 입술을 잘근잘근 씹거나, 주먹을 휘두르거나,
몸이 떨리기도 한다.
그런 '강한 화'는 첫째 원한, 둘째 경시, 셋째 경쟁,
넷째 질투, 다섯째 인색함, 여섯째 반항적, 일곱째 후회,
여덟째 격노이다.

생명은
선천적으로 화를 내기 마련이다

　인간에게는 희망이라는 것이 있다. 따라서 대부분의 사람들은 언제나 밝고 웃으면서 살아갈 수 있기를 바란다.
　화를 내면 좋지 않다는 것을 알고 있는 사람도 많다. 그러나 그런 사람이 실제로 화를 내지 않는가 하면 절대 그렇지 않다. 누구나 어떤 불쾌한 일이 생기면 감정이 격해져서 화를 내게 된다.
　'나는 이제 절대로 두 번 다시 화를 내지 않겠다.' 라고 마음먹어도 결국, 어떤 일이 생기면 화에 지고 만다.
　우리는 '밝게 살고 싶다.' 라는 희망을 가지고 있지만 결국에는 화를 내게 된다. 아무리 마음을 굳게 먹어도 화를 내게 되는 것이다.
　도대체 무엇 때문인가? 지금 그 답을 미리 말하겠다. 왜냐하면 생명은 선천적으로 화를 내기 때문에 살아 있는 한 인간은 화를 내기 마련이다.

생명에는 반드시 화가 있다. 유감스럽지만 예외는 없다. 잘 납득할 수 없을 것이다. 왜 생명은 화를 내게 되는 지 그 구조를 설명하겠다. 이른바 '화의 기원'이다. 화가 나는 데에는 분명한 발생 원인이 있다. 그것은 '무상'이라는 것이며, 이 무상이 바로 화의 원인이다.

우리는 무상이라는 말을 정서적, 감상적으로 받아들여 이해하지만 무상의 진정한 뜻은 '만물은 순간순간 변화하고 생멸한다.'는 것이다. 자신도 세상도 절대로 한순간도 똑같지 않다.

무상이란 일체 만물의 진리이다. 나와 타인과 환경과 세계, 그리고 우주, 이 모든 것은 무상이다. 즉 끊임없이 변하고 있으므로, 이 '끝없이 변하는 것'이 화를 잉태하는 원인이다.

일체의 만물은 무상이자, '무상이 화의 기원이다.'라고 하면 만물이 화로 통하고 있는 것처럼 들릴지 모르지만 바로 그대로이다. 분명하게 말하면 사실 생명은 기본적으로 화의 충동으로 살아가고 있다.

화의 충동으로 살아간다는 것은 좋다거나 나쁘다고 말할 수 있는 성질의 것이 아니기 때문에 우리의 생명은 그렇게 구성되어 있다는 것이다.

나와 타인과 환경과 세계, 그리고 우주, 이 모든 것은 무상이다. 즉 끊임없이 변하고 있으므로, 이 '끝없이 변하는 것'이 화를 잉태하는 원인이다.

∞ 2 ∞

화의 진정한 의미

　우리는 평소에 '화를 내는 건 정상적인 행동이다.', '화를 내면 왜 안 되지?', '화를 내지 않는 건 겁쟁이다.' 라는 말들을 자주 듣는다.
　실제로 화를 내는 사람들은 수없이 많다. 당신 주위에도 욕을 하거나, 사람을 비방하거나, 비하하는 사람이 있을 것이다. 요즘은 '화를 내는 건 당당한 태도이다.' 라는 풍조도 있지만 '화' 라는 말은 본래 입에 담을 수 있는 말이 아니다. '나는 화가 났습니다.' 라고 하는 것은 '나는 바보입니다.' 라고 말하는 것이기 때문이다.
　'화' 의 진정한 의미를 알고 있다면 '화' 라는 말을 쉽사리 입에 담을 수 없을 것이다.
　반대로 말하면 '화' 라는 말을 너무 자주 듣게 되는 것은 대부분의 사람이 '화'에 대해 아무것도 모르고 있다는 말이다. 화를 내는 것은 쉽지만, 화만 내는 인생은 어둡고 괴로울 따름이다. 즐겁고 행복하게 살고 싶다는 마음은 있지만 그것이 불가능한 것은 버스 안에서 아이가 우는 것을 보면 울화가 치미는 것처럼 인생이 화에 찌들어 있기 때문이다. 행복의 천적인 화에 대해서 지금부터 배워보도록 하겠다.

우리는 '화를 내고 싶지 않지만 화를 내게 된다.'라는 말을 듣고는 한다. 해답은 명백하다. 간단하고 완전한 방법은 '화를 내지 않는 것'이다. 정말 그뿐이다. 화를 내지 않으면 된다.

그렇지 않은가? 화를 내지 않으면 화는 생기지 않는다. 이외의 다른 해답이 있을 리가 없다. 화를 내지 않으면 되는 것이다.

여기서 '맞습니다. 나는 화내지 않겠습니다.' 하고 말하는 사람은 이 책을 읽을 필요가 없다. 그렇지만 '화를 내지 않으면 되는데.' 하고 말하면 대부분의 사람은 '그게 되지 않으니까 묻고 있는 게 아닌가.' 하고 짜증스럽게 생각할 것이다.

당신은 실제로 '나는 화내고 싶은 대로 마음대로 화를 내지만, 화를 내면 안 되니까 좋은 방법을 가르쳐주세요.' 하고 생각하고 있다.

누구나 화를 내고 싶어 하지만 마음 한구석에선 '화를 내지 않는 게 좋다.'라는 생각을 하고 있다. 자신의 마음속에 이런 모순된 마음이 잠재하고 있지만 깨닫지 못하고 있다. 그래서 '나는 화내고 싶지 않다.'라고 거짓말을 하게 되는 것이다.

그렇지 않은가? 당신이 화가 난 것은 화를 내고 싶었기 때문일 것이다. '화를 내고 싶지 않다.'라는 말은 거짓말이다. 정말로 화를 내고 싶지 않다고 생각하는 사람은 자신을 자제하며 주의 깊게 생활하기 때문에 웬만한 일에는 화를 내지 않으며, 일단 화를 내버린 후에는 부끄러워서 잠자코 있지만, 화를 능숙하게 자제하는 방법에 관심을 기울일 필요는 없다. 왜냐하면 인생은 너무나 짧기 때문이다.

우리는 살아 있는 동안에 어떻게 해서든지 조금이라도 제대로 된 사람이 되기를 바란다.

당신은 행복해지고 싶은가? 만약 진정으로 행복해지기를 바란다면 먼저 '나는 화를 내고 싶어 한다. 변변치 못한 사람이다.'라고 인정해라. 그리고 '화란 무엇인가?', '우리는 왜 화를 내는가?'라는 것을 이해하면 된다. 문제의 해결은 문제의 이해에서부터 시작되기 때문이다.

정말로 화를 내고 싶지 않다고 생각하는 사람은 자신을 자제하며 주의 깊게 생활하기 때문에 웬만한 일에는 화를 내지 않으며, 일단 화를 내버린 후에는 부끄러워서 잠자코 있을 뿐이다.

∞ 3 ∞

기쁨이야말로
'삶은 고뇌'라는 현실을 완화해 준다

　세상에서 가장 의욕이 필요한 일은 마음 수행이다. 그러나 세상일은 아이를 키우는 일이나 업무나 적당히, 적절한 에너지로 하는 것이 좋다.
　'회사 일에 목숨을 걸겠다.'는 사고방식은 안 된다. 자신의 생명은 퇴직하고 나서도 이어진다. 아이를 키우는 일도 마찬가지이다. 목숨을 걸어도 아이는 언젠가 어른이 되므로, 그때도 아이를 키우는 일에 목숨을 걸고 있다면 부모와 자식은 서로 견딜 수 없게 된다.
　또한 무언가를 하려고 할 때에는 욕이나 화로 해서는 안 된다. 필요한 것은 기쁨을 느끼는 것이다. 기쁨이야말로 '산다는 것은 고뇌'라는 현실을 완화해 준다. 무언가를 할 때 기쁨과 충실감, 성취감을 느끼는 것이 중요한 포인트이며, 그것이 성장의 길, 뇌를 개발하는 길이다. 화로 행하는 것은 모든 것이 괴로움일 뿐이다.

　라이벌에게 이기기 위해 공부하면, 공부하는 기쁨을 얻을 수 없기 때문에 괴로운 것이다.

　사실 화는 알기 쉽다. 자신이 지금 화를 내고 있는지 어떤지 모르는 경우는 '지금 나는 즐거운가?', '지금 나는 기쁨을 느끼고 있는가?' 하고 자문자답을 해보면 안다. '그다지 즐겁지 않다.', '시시하다.' 라고 느낀다면 마음속 어느 한구석에 화라는 감정이 있는 것이며, '아, 즐겁다.', '행복하다.', '두근거린다.' 라고 할 때에는 화가 없는 것이다. '힘이 난다.' 면 마음속에 화는 없다.

　이처럼 '화' 라는 것을 문자로서가 아닌 '자신의 마음에 생기는 감정' 으로 알아두면, 그것으로 화에 대해 어느 정도 인식할 수 있다.

자신이 지금 화를 내고 있는지 어떤지 모르는 경우는 '지금 나는 즐거운가?', '지금 나는 기쁨을 느끼고 있는가?' 하고 자문자답을 해보면 된다.

∞ 4 ∞

'어두운 감정'이 강해지면 '화'가 된다

감정에는 '점점 강해지는' 성질이 있다. 감정이 강해지면 성향도 변하기 때문에 다른 언어를 사용하게 된다.

알기 쉬운 예를 들어보겠다.

가정에서 사용되는 전기는 그다지 큰 양이 아니다. 우리의 몸에도 작은 양의 전기가 흐르고 있다. 하지만 그 전기도 다양한 형태로 축적되면 성질이 바뀌어 버린다. 몇백만 볼트 정도의 전압이 있어서 큰 정전기 에너지가 되면 번개라는 현상이 생긴다. 전지의 전기가 자신의 몸에 들어와도 별다른 영향도 받지 않겠지만, 집안의 전선을 만지면 전기 쇼크로 죽을지도 모르고, 화재가 날지도 모른다. 따라서 같은 전기라도 축적되어서 압력이 높아지면 그 작용도 완전히 달라지는 것이다.

화의 경우는 어떠한가?

'오늘은 따분하다. 따분해서 짜증이 난다.'라고 할 때 화의 감정도 있지만, 그것은 그다지 대단한 화는 아닐 것이다. 그런데 전기와 같이 화도 점점 압력이 높아지면 위험해진다. 자신이 폭발해 버리든지, 그 화로 인한 쇼크로 타인까지 파괴해 버릴 가능성이 있다. 같은 화라도 그 정도가 다르기 때문에 앞의 전지와 번개를 구분한 것처럼 화도 구분해야만 한다.

화가 아주 강해지면 자신의 입술을 잘근잘근 씹거나, 주먹을 휘두르거나, 몸이 떨리기도 한다. 그런 '강한 화'에 대해서 몇 가지 소개하겠다.

첫째, 원한이다.
일단 화가 생기면 좀처럼 사라지지 않고 며칠, 또는 몇 개월, 평생 지속된다.
둘째, 경시하는 성격이다.
항상 자신을 높게 평가하고 타인의 좋은 점을 경시하는 성격이다. 사람의 재능, 능력, 미모, 체력 등의 장점을 인정하고 싶지 않아서 어떤 구실을 붙여서 경시하는 것이다. 이것도 화이다.
셋째, 경쟁이다.
타인과 조화를 이루어 사이좋게 살아갈 수가 없다. 항상 타인과 경쟁하고 짓밟으려 하며 타인을 이기려는 마음으로 살아가는 것이다. 주위의 사람들에게 도전적이기 때문에 결과적으로 경쟁하게 된다. 이것도 화이다.

넷째, 질투하는 것이다.

타인의 좋은 점을 인정하고 싶지 않은 기분이지만, 그 에너지가 자신의 내면으로 향해서 어두워지는 것이다.

다섯째, 인색함이다.

속칭 구두쇠를 말한다. 구두쇠라면 욕심을 부리는 게 아닌가 생각하기 쉽지만 사실은 다르다. 자신이 가지고 있는 것을 타인이 사용해서 기뻐하는 것을 싫어하는 것이다. 서로 나눔으로써 모두가 즐거워지길 바라는 성격이 아닌 것이다. 따라서 어두운 성격이자 인색함은 화인 것이다.

여섯째, 반항적이라는 뜻이다.

아무리 시간이 지나도 사람은 완전해지지 않는다. 그래서 우리는 타인에게서 배우고, 지도를 받으며 성장하지 않으면 안 된다. 타인에게서 배운다는 것은 죽는 순간까지 계속되는 행위이지만 타인에게 이런저런 해야 할 일들에 대해 들으면 거부반응이 생긴다. 이것도 화이다.

일곱째, 후회이다.

후회하는 것은 멋있는 것이라고 착각하고 있는 것이다. 반성하는 것과는 다르고, 과거의 실패, 잘못을 떠올리고 괴로워하는 것이다. 지나치게 어두운 성격이며, 성질이 나쁜 화이다.

여덟째, 격노이다.

이상한 화라는 의미라고 말할 수 있다. 아무런 이유도 없는데 화를 낸 경우라도 이것은 대단히 강렬하다. 사람을 때리거나 죽이거나 하는 경우의 화가 바로 이 화인 것이다.

화가 아주 강해지면 자신의 입술을 잘근잘근 씹거나, 주먹을 휘두르거나, 몸이 떨리기도 한다. 그런 '강한 화'는 첫째 원한, 둘째 경시, 셋째 경쟁, 넷째 질투, 다섯째 인색함, 여섯째 반항적, 일곱째 후회, 여덟째 격노이다.

∞ 5 ∞

세상을 파괴하는 원인은 '화'이다

 침울한 감정, 행복이 사라진 감정, 불행을 느끼는 감정이 한층 강해지면 주위의 것을 파괴시켜 간다. 제일 먼저 파괴하는 것은 자신이다. 자신을 파괴하고, 그리고 타인을 파괴해 간다. 세상의 파괴의 원인이 화인 것이다.
 세상에 있는 물건을 만들어내는 창조의 원천은 애정이며, 창조한 것을 파괴시켜 버리는 것은 화의 감정이다.
 이것은 보편적인 세상에 있는 두 종류의 에너지의 흐름이다. 따라서 애정과 화는 하나의 세트이다. 세상에는 바로 이 두 개의 에너지의 움직임이 존재한다.
 흔히 분발하기 위해서, 힘을 내기 위해서, 노력하고 정진하는 것은 올바른 방법이다. 그러나 대부분의 경우, 힘을 내기 위해서 마음에 어떤 자극을 줄 때, '화'나 '욕'으로 동기를 부여

하지만 이것이 문제이다.

그중에서도 생명은 화를 내기 쉬워서 특히 '화'로 하려고 한다. 화는 무척 힘이 세고, 때로는 화의 에너지를 목표 달성에 이용하거나, 강한 에너지를 가지고 있는 경쟁심을 이용하려고 하지만, 파괴적인 결과를 초래한다.

'이래서는 안 돼. 더 해야지.' 하고 생각하는 것은 화이다. 또한 '라이벌보다 더 잘하고 싶다.'라는 마음으로 노력하는 것은 라이벌에게 관리당하는 것이 되어, 스스로를 관리하지 못한다.

상품개발에 있어서도 화나 경쟁심으로 개발하면 대부분 쓸모없는 상품밖에 만들지 못하고 자연까지 파괴한다. 결과는 모두 파괴뿐인 것이다.

때로는 화의 에너지를 목표 달성에 이용하거나, 강한 에너지를 가지고 있는 경쟁심을 이용하려고 하지만, 파괴적인 결과를 초래할 뿐이다.

좋은 감정과 싫은 감정은 오로지 자신의 탓이다

우리가 눈을 떴을 때 아름다운 장미꽃 한 송이가 있다. 그리고 그 꽃을 보면서 '꽃이다, 아름답다.' 라는 즐거운 감정이 생긴다. 이것은 애정의 감정이다. 다시 눈을 감았다가 떴을 때, 꽃 위에 커다란 바퀴벌레가 있는 것이 보인다면, 그 순간 '아, 뭐야, 징그러워.' 라는 감정이 생긴다. 이것은 화의 감정이다.

이 경우 '징그럽다.' 라고 생각하는 감정은 누구의 탓으로 돌리면 좋은가?

'나에게 화가 생긴 것은 저 바퀴벌레 탓이다. 나쁜 건 바퀴벌레고, 범인은 바퀴벌레다.' 라는 식으로 단정하든지, 또는 '범인은 나 자신이다.' 라고 생각하든지의 문제이므로 이것을 해결하지 않으면 안 된다.

꽃을 보면 우리는 '예쁘다, 바라보고 싶다, 갖고 싶다.' 라고 그 대상을 받아들인다. 그렇지만 바퀴벌레가 눈에 띄면 우리는 기분이 상하고 부정한다. 그렇다면 두 가지 작용, 즉 '받아들이는 것'과 '거절하는 것'은 대체 누가 하고 있는 것인가?

그것은 바로 '자기 자신'이다. 우리는 눈으로 대상을 보고, 귀로 소리를 듣고, 몸에 사물이 닿을 때, 이런 식으로 두 가지 판단을 내리고 있는 것이다. 그 대상을 용인하면 애정이 생기고, 거절하면 화가 생긴다. 따라서 화를 낼지 아닐지는 개인의 인격 문제이다.

밝게 살든지 혹은 괴롭고 억울해 하며, 불만투성이의 인생으로 살든지, 그것은 그 사람에게 달려 있지 다른 원인은 없다.

∞ 7 ∞

장미꽃이 아름다운 것은
인간의 마음이다

장미꽃은 단지 자신의 습성으로 피어 있을 뿐, 장미 그 자체가 '아름답죠? 저를 보아주세요.'라고 애원하고 있는 것이 아니다. 인간이 무언가를 생각하는 것이지, 장미꽃과는 아무런 관계도 없다. 그것을 '아름답다.'라고 생각하는 것은 인간의 마음이다.

똑같이 바퀴벌레를 '징그럽다.'라고 생각하는 것도 인간의 마음이다. 정말 바퀴벌레는 그렇게 징그럽고 불결한 생명체인가?

당신은 본 적이 별로 없겠지만 닭은 바퀴벌레를 잘 먹는다. 닭은 바퀴벌레를 보면 '맛있겠다, 먹어야지.'라고 생각하고, 받아들이는 현상이 생긴다.

우리는 바퀴벌레를 보면 거절하면서 화를 내지만, 바퀴벌레를 본 닭은 '먹어보니 맛있잖아.' 라는 감정이 생기는 것이다. 장미꽃을 보면 우리에게는 애정이 생기지만 닭은 '뭐야, 시시해. 방해물이다.' 라고 거부하는 현상이 생겨 화가 생길지도 모른다.

'아름답다.' 라고 생각하는 것과 '징그럽다.' 라고 생각하는 것은 인간의 마음이다.

8

감정의 척도는
사람마다 다르다

　일반적으로 어떤 인간이라도 '꽃은 아름다운 것'이라고 생각할지 모르지만 음식이나 복장의 경우 문화에 따라 큰 차이가 있고 그 척도가 다르다.
　어느 나라에서는 '여자는 남에게 몸을 보여서는 안 된다. 몸은 추하기 때문에 감추는 편이 아름답다.'라고 생각하는 문화도 있다. 그 문화에서는 몸의 75% 정도를 밖으로 드러내고 있는 사람을 보면 모두가 기분이 상한다.
　반대로 '몸은 가능하면 보이게 하는 편이 아름답다.'라고 생각하는 문화에서는 '아, 정말 아름답다. 미인이다, 멋있다.'라고 생각한다.
　중동에서는 여성이 검은 차도르를 뒤집어쓰고 얼굴을 감춘 채 손의 일부만 밖으로 노출시킬 수 있다. 금목걸이나 귀걸이

등으로 치장을 하고 있어도 누구에게도 보이지 않는다. 어쩌면 손만 보고 중동의 남자들은 '아, 아름다운 여자다.', '섹시하다.' 라고 생각할지도 모른다. 얼굴이 보이지 않기 때문에 우리는 모두가 똑같아 할머니인지 어린 소녀인지 전혀 알 수가 없다. 우리의 문화에서 보면 '대체 무엇을 위해 아름답게 태어난 것인가?' 라고 의아해 하겠지만, 그들에게는 당연한 일이다.

일반적으로 어떤 인간이라도 '꽃은 아름다운 것' 이라고 생각할지 모르지만 음식이나 복장의 경우 문화에 따라 큰 차이가 있고 그 척도가 다르다.

∞ 9 ∞

'내가 옳고 상대가 틀렸다.'라고 생각하면 화를 낸다

화를 내지 않는 것이 좋다는 것을 알고 있음에도 우리는 왜 화를 내는 것인가?

우리에게는 항상 화를 내는 이유가 있다. 그 이유를 하나하나 분석해 보면 제멋대로 많은 것을 판단해서 화를 내는 메커니즘이 있다.

인간은 언제나 '내가 옳고 상대가 틀렸다.'라고 생각하고 있기 때문에 화를 내는 것이다. '상대가 옳다.'라고 생각한다면 화를 낼 일은 없다. 이 점을 기억해 두어라.

'나는 전적으로 옳다. 완전하다, 상대가 잘못되었다.'라고 생각하므로 화를 내는 것이다.

타인에게 화를 내는 경우는 '내가 옳고 상대가 틀렸다.'라는 입장에서 화를 내지만, 자신에게 화를 내는 경우는 어떠한가?

그때와 똑같다.

  어떤 일을 하려고 하지만 잘되지 않을 경우, 자신에게 심하게 화를 내는 것이다.

  예를 들어 '암에 걸렸다.' 는 말을 들으면 자신에게 '왜 내가 암에 걸렸지.' 하고 심하게 화를 낸다. '도대체 왜 일이 잘 풀리지 않는 것인가?' , '왜 오늘 요리는 실패한 것인가?' 라는 식으로 자신을 책망하고 자신에게 화를 내는 경우가 있다. '나는 완전한데 왜 요리가 실패한 것인가?' , '나는 완전하게 일을 해 왔는데, 어째서 이번은 잘 풀리지 않는 것인가?' 하고 화를 내는 것이다.

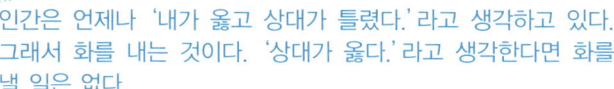

인간은 언제나 '내가 옳고 상대가 틀렸다.' 라고 생각하고 있다. 그래서 화를 내는 것이다. '상대가 옳다.' 라고 생각한다면 화를 낼 일은 없다.

∞ 10 ∞

'나만이 옳다' 라는 인간의 본심

'나는 완벽하니, 옳다.' 라는 생각은 합리적인 생각인가?

만약 누군가에게 "정말로 당신은 완벽한 사람입니까? 자신이 전적으로 옳다고 생각하고 있습니까?"라고 묻는다면 "아니요, 터무니없습니다. 나는 전혀 그렇게 생각하지 않습니다."라고 말한다.

그러나 "아, 그렇군요. 그럼 당신은 바보군요." 하고 말하면 곧장 화를 낸다. 여기에 모순이 있다.

사람들은 예의상 '나는 바보다.' 라고 겸손해 하면서도 마음속에서는 '절대로 그렇지 않다. 나야말로 가장 옳은 사람이다. 다른 사람들이 틀렸다.' 라는 식으로 생각하고 있는 것이다.

예를 들어 어머니가 아이를 혼내거나, 선생님이 학생을 꾸짖거나, 상사가 부하직원을 책망할 때 아이나 학생이나 부하직원이 무언가를 잘못했을지도 모른다.

 그래서 화를 내고 꾸짖는 것이지만 그때 우리는 '당신이 잘못했기 때문이다.'라고 자신의 화를 정당화한다.

 상대가 잘못했다면 '그건 이래서 잘못된 거예요. 그러니 두 번 다시 잘못을 하지 않도록 하세요.'라고 웃는 얼굴로 말하면 일은 그걸로 끝날 것이다. 그런데 왜 화를 내는 것인가?

 그것은 '자신은 옳다. 자신의 말이 옳다. 자신의 생각이 옳다.'라고 하는 생각이 머릿속에 있기 때문이다.

사람들은 예의상 '나는 바보다.'라고 겸손해 하면서도 마음속에서는 '절대로 그렇지 않다. 나야말로 가장 옳은 사람이다. 다른 사람들이 틀렸다.'라는 식으로 생각하고 있다.

∞ 11 ∞

인간은
그 무엇도 완전할 수 없다

　우리의 마음속에 있는 '나는 옳다.' 라는 생각은 잘못된 것이다. 그것을 '내가 옳을 리 없다.' 라고 정정해야 한다. '나는 완전하다.', '나는 옳다.' 라는 터무니없는 생각은 어서 빨리 버리는 편이 좋다.
　조금 더 깊게 생각해 보아라. 인간은 완전할 수가 없다.
　사물을 바르게 판단할 수 있는 지식인이라면 '나는 절대 옳지 않다. 지금은 이렇게 말하고 있지만, 그것도 허점투성이다.' 라는 것을 알고 있다. 인간은 말도 완전하지 않고 사용하고 있는 단어나 비유도 완전하지 않으며 무엇 하나 완전할 수 없는 것이다.
　비록 아이나 학생, 부하직원이 잘못을 범했더라도 자신의 말하는 법이 잘못되었을지도 모른다. 그렇다면 양쪽 다 잘못을 범하고 있는 것이 된다.

따라서 '자신이 옳다는 생각은 비합리적이고 비현실적이며 거짓이고 있을 수 없는 일이다. 이 있을 수 없는 일을 전적으로 믿고 있는 자신만큼 멍청이는 이 세상에는 없다.' 라고 분명하게 이해했다면 더 이상 화를 내지 않게 될 것이다.

'나는 옳지 않다. 나는 불완전하다. 내가 잘못이다.' 라는 마음이 들면 그 사람은 두 번 다시 화를 내지 않는다.

자신이 옳다는 생각은 비합리적이고 비현실적이며 거짓이고 있을 수 없는 일이다. 이 있을 수 없는 일을 전적으로 믿고 있는 자신만큼 멍청이는 이 세상에는 없다.' 라고 분명하게 이해했다면 더 이상 화를 내지 않게 된다.

∞12∞

'자신'이 있으면 '타인'도 있다

　인간이라는 생명은 무수히 생겼다가 사라져가는 감각을 통합해서 '자신'이라고 생각한다. '자신이라는 개체'로 '고정된 무언가'가 있다고 믿고 있지만 모두가 착각이다. 그리고 모든 사람이 이런 착각을 하고 있다. 생명의 법칙으로, '나라는 확고한 존재가 있다.'라고 하는 착각이 생기는 것이다.
　먼저 '자아'의 착각이다.
　아기 때부터 있는 불분명한 '자신'이라는 감각에서 시작해서 성장함에 따라 '자신이 있다.'라고 생각하는 착각도 나온다. 그 순간 자신이 외톨이가 되는 것이며, 그로부터는 이제 산다는 것은 괴로움, 외길뿐이다.
　'자신'이 있으면 '타인'도 있다.
　타인 중에는 마음에 드는 타인도 있지만 마음에 들지 않는 타인도 있다. 마음에 드는 타인과는 사이좋게 지내고 싶고, 마음에 들지 않는 타인은 멀리 하고 싶다.

'자신'이라는 껍질을 만든 시점에서 타인과 구분된다. 각각의 사람이 각각의 껍질을 가지고 있기 때문에 누구나 '자신밖에 모르게' 된다. 그러면 타인은 라이벌밖에 되지 않는다. 타인의 목적과 나의 목적이 다르기 때문에 '서로 사이가 좋아지는 일'은 성립되지 않게 된다.

그래서 결국 사람은 자신의 일 외에는 흥미가 없고, 자신이 좋다고 생각하는 목적 외에는 노력하지 않는 삶을 살게 된다.

'자신이라는 무언가가 실재한다.'라고 믿게 되면 끊임없이 화가 생긴다.

왜냐하면 보는 것이나 듣는 소리, 모든 것을 자신이 관리할 수 없기 때문이다.

한 가지 예를 들자면, 귀에 들리는 소리는 기분 좋은 소리보다 기분 나쁜 소리, '싫은' 것이 많다. 그리고 '기분 좋은' 소리의 경우는 금방 사라져버린다. 기분 좋은 소리를 들은 순간은 즐겁지만, 금방 즐거움이 사라져서 충격을 받는다.

물론 기분 나쁜 소리는 들을 때마다 기분이 나쁘기 때문에 화가 난다. 소리 자체는 사라져도 '싫었다.'라는 화의 여운이 남는다.

욕의 경우도 '그때 기분이 좋았다.'라고 생각할 때마다 슬퍼지게 된다. 두 번 다시 똑같이 될 수 없기 때문이다.

아기 때부터 있는 불분명한 '자신'이라는 감각에서 시작해서 성장함에 따라 '자신이 있다.'라고 생각하는 착각도 나온다. 그 순간 자신이 외톨이가 되는 것이며, 그로부터는 이제 산다는 것은 괴로움, 외길뿐이다.

∞13∞

적절한 에너지로
노력해야 한다

열심히 노력하는 것은 좋은 일이다. 하지만 노력의 대가를 바라는 것은 잘못된 것이다. 자신이 원하는 결과만을 바라는 것은 무지의 소산이다. 세계는 당신의 사정 따위에는 관심도 없다. 따라서 '잘되길 바라는' 태도는 완전한 무지이므로 그런 희망은 하루빨리 버리는 편이 좋다.

'자신은 완전하지도 않고 타인에게 절대로 완전한 결과를 원하지 않는다.'는 생각이 이 세상에서 우리가 냉정하게 살아갈 수 있는 비결이다.

자신이나 타인이나 어느 누구도 완전하지 않다. 일이 완벽하게 잘 풀리는 경우는 있을 수 없는 일이다. 물론 만사를 적당히 하는 것은 좋지 않지만, 최선을 다하는 것은 당연한 일이고, 열심히 노력했지만 결과는 알 수 없다고 생각하는 이성적이고 냉정한 삶의 방식이 좋다. 이렇게 살아간다면 화를 낼 일은 없을 것이다.

'자신은 완전하다. 완벽하다.' 라고 생각하는 무지한 사람은 자신의 생각대로 일이 풀리지 않으면 화를 내고, 그때마다 곤경에 처한다. 이것은 바보스러운 짓이며 대단히 무지한 삶을 살고 있다고밖에 생각되지 않는다.

공부를 하려고 하면 공부로 기쁨을 느끼도록 해야 한다. 이해할 수 없으면 기쁨을 느끼지 못할 것이다. 기쁨을 느끼고자 한다면 누군가에게 물으면 이해의 폭이 넓어진다. 일에서 기쁨을 느끼고자 한다면 다른 사람이 말하지 않아도 일을 잘하려고 노력한다. 기쁨이 있으면 스트레스도 쌓이지 않고 피곤하지도 않다.

성취감을 세세하게 느끼면서 하는 것이 포인트이지만, 목적을 향해서 10년 후에 성취감을 느끼는 것이 아니라 1분마다, '이제까지 한 일'에 성취감을 느끼도록 한다. 뇌 과학적으로 생각해도, 뇌가 기쁨을 느끼면 움직인다. 스트레스를 느끼면 우울해지고, 기쁨을 느끼면 근육도 유연해진다. 성취감을 느끼면서 험한 산을 오를 수 있는 것은 등산의 괴로움을 기쁨이 완화시키는 것이다.

눈앞의 목표를 향해서 노력하는 것은 나쁘지 않다. 맛있는 요리를 만든다거나, 노력해야 할 일이 명확하다면 노력할 수 있다. 그러나 나중에 어딘지 허무해지는 것은 피할 수가 없다. 따라서 무언가 기쁨, 성취감을 느낄 수 있는 일을 하는 편이 나쁜 결과를 초래하지 않을 뿐더러, 향상심도 충만해진다. 그리고 각각의 일에 맞는 적당한 에너지를 쓰면 된다. 하지만 힘을 너무 지나치게 쏟거나 지나치게 노력을 하면 오히려 흥분해서 실패를 한다.

첫무대에 서는 사람이 '꼭 성공시켜야지.' 하고 생각해서 너무 연습을 많이 해도 실패할 경우가 있다. 과유불급이다. 적당한 노력으로 자신이 해야 할 부분을 무난히 하면 된다.

최선을 다하는 것은 당연한 일이고, 열심히 노력했지만 결과는 알 수 없다고 생각하는 이성적이고 냉정한 삶의 방식이 좋다. 이렇게 살아간다면 화를 낼 일은 없다.

사회에
도움이 된다는 생각

'화는 어떻게 생기는가?'에 대해서 생각해 보자. 이것은 진지하게 이해하려고 하지 않으면 별로 도움이 되지 않는다.

'단편적인 지식 같은 것일 것이다.'라고 흘려듣는다면 절대로 행복을 붙잡을 수 없다. 따라서 '이것은 자신의 일이다.'라고 진지하게 마음속에 담아두고 세심하게 이해하지 않으면 안 된다. 화를 내는 사람은 다음과 같이 생각한다.

'저 사람은 나를 비방한 게 아닌가?', '이 사람이 나를 비방한 게 아닌가?', '저 사람들이 나를 괴롭히고 있지 않은가?'

우리는 타인에게서 여러 가지 일로 정신적, 육체적으로 괴롭힘을 당하는 일이 있다. 타인에게 괴롭힘을 당하거나 상처를 입으면 '아, 이 사람은 내게 상처를 주었다. 나를 괴롭혔다.'라는 식으로 생각하거나, 또는 수많은 인생의 경쟁 중에서 자신이 졌을 때 '이 사람들에게 졌다.' 또는 '이 사람들이 나를 이겼다.' 라고 생각한다.

그렇다고 목적에 연연해서 '무슨 수를 써도.' 라고 생각하는 것은 좋지 않다.

독선으로 아무에게도 도움이 되지 않는다면 정신적으로 힘이 든다.

사람에게는 '누군가에게 도움이 된다.' 라는 실감이 필요하다. 그렇지 않으면 사회에 있어도 그만, 없어도 그만인 존재가 되어버린다. 그것이야말로 사람에게는 '불행'이지만, 반대로 작은 일이라도 '나는 꽤 도움이 되는 사람이다.' 라고 생각되면 즐겁게 살아갈 수 있다.

사회의 도움이 된다는 것은 거창한 일이 아니다. 누군가에게 차를 대접하는 일과 같이 가능한 일이 있으니 그런 일을 잘하면 되는 것이다. 자신이 해야 할 일을 잘해 나간다면 다른 사람의 험담을 하거나 화를 낼 시간은 없다.

자원봉사도 화로 하는 사람이 꽤 있다.

빈곤에 허덕이는 나라에 가서 '이런 지경까지 아무것도 하지 않다니, 바보 같군.', '노력을 하지 않으니 이 꼴이잖아.', '나는 희생하고 있다.' 라는 생각으로 봉사를 하는 사람이 있다. 자기만족이다, 자신을 화로 분발시키고 자신의 상황이 편할 때만 봉사활동을 한다. 그래서는 반드시 나쁜 결과를 초래한다.

아무리 해도 '수고했습니다.' 라는 말뿐, 도움이 되지 않는다.

그런 사람들에게는 '모두 행복하게 하고 싶다.' 라는 마음은 없다. 그저 자신을 선전하고 싶을 뿐, 자신의 생각대로 하고 싶을 뿐, 그 나라에 사는 사람들의 입장에서 보면 암세포가 생긴 것과 같다.

사회의 도움이 된다는 것은 거창한 일이 아니다. 누군가에게 차를 대접하는 일과 같이 가능한 일이 있으니 그런 일을 잘하면 되는 것이다. 자신이 해야 할 일을 잘해 나간다면 다른 사람의 험담을 하거나 화를 낼 시간은 없다.

∞15∞

비난받으면 화를 낸다

이제 '비방하다.'라는 의미에 대해 설명하겠다.

이것은 예전부터 세상에 존재했다.

인간은 타인이 하는 말을 듣고 '나는 비방받고 있다.', '나를 비판하고 있다.', '경시하고 있다.', '무시하고 있다.', '바보 취급하고 있다.'라는 식으로 생각을 한다.

그렇게 생각할 때 행복한가?

'나를 바보 취급하고 있는 것 같다.', '나를 무시하고 있다.', '나를 경시하고 있지 않은가?' 하고 생각하면 기분이 좋지 않을 것이다.

그리고 그런 생각뿐만 아니라 그 일을 오랫동안 기억하세 된다. 비록 공부한 것은 금방 잊어버리더라도 그런 일은 기억한다.

우리는 도움이 되는 말은 너무나 쉽게 잊어버리지만 남들에게 험담을 들으면 평생 잊지 못한다. 그럴 경우에만 우리의 기억력은 뛰어나다.

도움이 되는 말은 너무나 쉽게 잊어버리지만 남들에게 험담을 들으면 평생 잊지 못한다.

16

괴롭힘을 당하면
화를 낸다

이제 몸을 아프게 하는 것, 폭력을 당하는 것에 대해 얘기하고자 한다.

학교에는 육체적인 괴롭힘이 있지만, 어른이 되어서도 괴롭힘은 사라지지 않는다. 서로 괴롭힌다. 그것은 남성뿐만 아니라 여성 사이에서도 흔한 일이다.

여러 가지 일로 타인을 괴롭히고, 괴롭힘을 당한 쪽은 그것을 기억하고 절대로 잊지 않는다. 이것은 인간의 자연스러운 양식이다.

친절을 받은 일 따위는 너무나 쉽게 잊고, 괴롭힘을 당한 일만큼은 평생 기억한다. 그래서 괴로워하는 것은 예전에 피해를 당한 자기 자신인 것이다.

괴롭힌 쪽이 괴로워할 일은 없다. 그것은 상대를 평생 괴롭히려고 하는 의도가 전혀 없기 때문이다.

　아주 사소한 일이라도 '저 사람은 나를 괴롭혔다, 상처를 줬다.' 라고 생각하면 화가 나는 것이다.

여러 가지 일로 타인을 괴롭히고, 괴롭힘을 당한 쪽은 그것을 기억하고 절대로 잊지 않는다. 이것은 인간의 자연스러운 양식이다.

∞ 17 ∞

패배하면 화를 낸다

세상은 경쟁의 세계이기 때문에 누군가는 이기고 누군가는 지기 마련이다.

비즈니스 세계에서도 '자신만이 이익을 보는' 일은 있을 수 없다. 이익을 보는 사람이 있으면 손해를 보는 사람이 있기 마련이다.

입학이나 입사 시험과 같이 선발 시험에서 모두가 선택되는 것은 아니다. 누군가는 반드시 떨어진다.

그래서 우리는 늘 패배를 맛보지 않을 수 없다. 그것을 '싫다.'라고 생각하면 이 세상에서 살아갈 수가 없다. 생명이라는 것은 경쟁의 논리로 성립되어 있기 때문에 누군가가 성공하면 누군가는 반드시 실패하게 되어 있다.

유치원의 20미터 달리기에서도 1등을 하는 아이가 있으면 꼴등을 하는 아이도 있다. 그것은 피할 수 없는 현실이다.

그 사람이 이긴 것은 본인의 재능과 능력이고, 자신에게는 그런 재능과 능력이 없기 때문에 진 것이다. 그것은 어쩔 수 없는 일이다. 그럼에도 진 사람은 '저 사람만 없었으면 나는 그 일을 맡을 수 있었는데.' 라거나 '저 두 사람이 없었다면 나는 합격했을 텐데.' 라고 생각하기도 한다.

여자 두 명이 남자 한 사람과 사이좋게 지내고 있다. 그 남자가 두 사람과는 결혼을 할 수 없기 때문에 한 사람을 선택해야 한다. 그러면 다른 한 명의 여자는 증오와 고통과 극심한 분노를 느낀다. 이것도 결국 화이다.

이 경우에도 경쟁이기 때문에 한 사람이 이기고 한 사람은 진 것이다. 단지 그뿐이고 그것은 피할 수 없는 일이다.

우리의 이상한 점은 '경쟁하자, 경쟁하자.' 말하면서도 지면 '져서 분하다.' 라고 말하는 점이다. 졌는데 왜 분해하는 것인가? 경쟁하는 것이기에 승패는 당연히 존재한다. 어느 쪽이라도 있는 그대로 받아들이면 되는 것이다. 그렇지만 그렇지 못하기 때문에 지면 화가 등장하는 것이다.

상대방이 이긴 것은 본인의 재능과 능력이고, 자신에게는 그런 재능과 능력이 없기 때문에 진 것이다.

18

관리하려는 화의 세계

가령 자신의 목소리가 아주 크다고 하자. 누군가 '저 사람 목소리가 너무 커서 정말 시끄럽다.'라고 생각할 것이다. 그것은 그 사람이 상대의 목소리를 관리하려는 것이 된다. 그러나 내 목소리는 본래 크기 때문에 자신의 입장에서 보면 평소처럼 말을 하고 있는 것뿐이다. 그것을 다른 사람이 관리할 수 있을 리가 없다.

만약 자신이 상대의 기분이 나쁜 것을 고려해서 목소리를 조절해서 작게 했다고 하자. 그러면 이번에는 자신의 기분이 나빠진다. 결국은 '왜 나만 조심해야 하지.'라고 생각하게 되고, 서로 '화'가 나게 된다.

세상의 소리는 자신이 제멋대로 관리할 수 없고, 보이는 것을 관리할 수도 없다. 그러나 인간은 결국 그렇게 하려고 한다.

예를 들어 '요리' 문화가 있다. 그것도 '자아'가 감독해서 만들어내는 작품인 것이다. 인간 이외에는 아무도 요리를 해서 먹지 않는다.

토끼는 당근을 그대로 먹지 조리를 해서 줘도 먹지 않는다. 인간도 당근을 먹지만, 볶거나 썰어서 소스를 뿌리거나 요리를 해서 먹는다. '당근을 관리하고 싶다.'라는 자아가 다양한 요리를 만들어내는 것이다.

요리를 하면 맛있게 먹을 수 있을지 모른다. 그러나 첫째 몸에 나쁘고, 둘째 시간이 걸리며, 셋째 요리 방법을 배울 때의 스트레스와 같은 결점이 있다. 게다가 '당근 본래의 맛을 모르게 된다.'는 단점도 있다. 요리에 따라 자신이 좋아하는 맛으로 먹고 있기 때문에, 비록 평생 당근을 먹어도 당근 본래의 맛은 알 수 없다.

세상의 소리는 자신이 제멋대로 관리할 수 없고, 보이는 것을 관리할 수도 없다. 그러나 인간은 결국 그렇게 하려고 한다.

19

좋지 않았던 일을 떠올리면 한층 불행해진다

어린아이는 꽃을 보면 웃고, 엄마에게 꾸중을 들으면 울고, 그걸로 끝이다. 마음은 대단히 깨끗하다. 과거의 나쁜 일을 떠올리거나 하지는 않는다.

우리 모두의 머릿속도 아기들처럼 순백으로 남아 있기를 바라지만 어른은 다르다. 좋지 않았던 일을 집요하게 기억하고 떠올리면서 끊임없이 연상 작용을 한다. 그런 연상 작용이 시작되면 어떻게 되는가?

'나를 비방했다, 나에게 폐를 끼쳤다, 나를 괴롭혔다, 나를 이겼다, 내 것을 빼앗았다.' 라며 일일이 머릿속에서 생각하며 원망한다. '머릿속에서 고통스럽게 생각하며, 고민하거나 괴로워한다.' 라는 것이다.

대체로 음울한 사람은 이런 행동을 하고 있다. 언제나 머릿속에서 '남에게 졌다.' 혹은 '분하다.' 라는 복잡한 일을 생각하고 있는 것이다.

  이렇게 해서 화가 생기는 것이다.

화는 점점 팽창하고 타인을 파괴하기 전에 제일 먼저 자신을 파괴하고 불행을 초래한다.

20

시시한 망상이
화를 만든다

　말을 할 때 때로는 단어를 잘못 사용하고도 그 말의 진의를 이해하고 기뻐해 줄 것이라는 기대를 갖고는 한다.
　그러나 인간의 마음에는 자신에게 불리한 것만을 기억하고 유리한 것은 완전히 잊어버리는 법칙이 있다.
　그래서 일부 사람들은 잘못해서 사용한 말만은 절대로 잊지 않고 모욕을 받은 기분이 되어서 행복을 느끼기는커녕 혐오감을 갖는 경우도 있다.
　이런 것들 때문에 인간은 불행해진다. 좋은 것이나 유익한 일은 기억해도 좋은데 금방 잊어버린다.
　한편 상대가 잘못해서 조금 지나치게 말한 것이나 기분을 상하게 한 일은 집요하게 기억한다. 생각하면 생각할수록 화가 북받쳐 올라 몸을 파괴하고, 자신의 행복을 소멸시켜 버린다.

험담을 한 것은 상대방이지만 그 말을 들은 사람은 계속해서 그 말을 생각하며 자신의 가족이나 직장동료 등 모두의 행복을 빼앗는 어처구니없는 경우가 발생하는 것이다.

'비방을 받았다.', '괴롭힘을 당했다.', '졌다.', '빼앗겼다.'라는 것도 모두 시시한 것이다. 이런 시시한 망상을 되새기고 확대시켜 불행의 늪에 빠지는 것은 피해야 한다.

비록 사소한 일이라도 우리의 머릿속에 이런 시시한 망상을 만들지 않도록 해야 한다. 그것이 화를 내지 않는 비결이다.

인간의 마음에는 자신에게 불리한 것만을 기억하고 유리한 것은 완전히 잊어버리는 법칙이 있다.

∞ 21 ∞

이기심이 망상을 만든다

화의 원인이 되는 망상개념을 만드는 것은 무엇인가?

그것은 '나'라는 이기심이다. 이기심이 없으면 화는 성립하지 않는다. 이기심은 '나', '자기'라는 고정관념이다.

인간은 자신을 '이것'이라고 손으로 가리킬 수 있는 확고한 존재이다. 우리가 붙잡고 있는 고정관념은 바로 이기심이다. '나는 이것을 해야 한다.', '나는 위대하다.', '나를 인정해 주어야 한다.' 등의 이기심이 생기는 사고는 행복의 방해물이다.

'나는 남자다.'라고 강하게 생각하면 여성을 차별하고, 그 반대라면 남성을 바보로 취급할 것이다. '나는 열심히 공부해서 좋은 대학을 졸업했기 때문에 대단하다.'라고 생각하면 다른 사람들을 비보로 보게 된다.

그렇지만 결국 바보는 그렇게 생각하고 있는 자기 자신이다. 아무리 머리가 좋고 능력이 뛰어나도 남들을 업신여기고 남의 말을 듣지 않으면 인간관계는 원만해질 수 없다. 회사에서도 외톨박이가 된다. 그래서 마음은 어두워지고 능력을 점점 발휘할 수 없게 되는 악순환 속에 불행의 나락으로 빠지게 되는 것이다.

'공부를 잘해서 명문대를 졸업했는데도 그 후의 인생은 불행할 뿐이다.'라는 사람이 꽤 있다. 그것은 이상할 것도 없는 일이다.

'나는 이것을 해야 한다.', '나는 위대하다.', '나를 인정해 주어야 한다.' 등의 이기심이 생기는 사고는 행복의 방해물이다.

22

'나는 무엇이다.'라는 생각에서 모든 문제가 발생한다

'나는 남자다.', '젊다.', '중년이다.', '노인이다.', '나는 과장이다.', '부장이다.' 이런 것은 잘 생각해 보면 그리 대단한 일이 아니다.

원래 '나는 무엇이다.'라는 생각에서 세상의 모든 문제가 발생한다고 해도 과장이 아니다. 그런 생각만 버린다면 모든 문제는 해결된다. 행복해지고 싶다면 이기심은 버리는 편이 좋다.

바른 일을 실천에 옮기는 일이 가장 중요한 일이지 '부하이기 때문에'라거나 '과장이기 때문에', '사장이기 때문에', '집의 가장이기 때문에'라는 것은 전혀 관계가 없다. 신경을 써야 할 것은 그 행동이 바른가, 바르지 않은가라는 것뿐이다.

비록 아이라도 바른 말을 하면 인정하고 실천해야만 한다.

'조그만 게 건방지다.' 라고 말하는 사람이 있다면 그 사람이야말로 자신의 무지와 잘못을 부끄러워해야 한다.

　화에 대해서 생각할 때 이기심은 가장 큰 문제이다. 그리고 이기심이라는 것은 한 번 생기면 여러 가지 번거로운 일을 동반하는 골칫거리이다. 이기심에서 무지가 생기고 모든 불결함이 뒤따라오고, 그 불결함은 외부에서 공격을 받으면 바로 화로 바뀌기 때문이다.

> 화에 대해서 생각할 때 이기심은 가장 큰 문제이다. 그리고 이기심이라는 것은 한 번 생기면 여러 기지 번거로운 일을 동반하는 골칫거리이다.

∞ 23 ∞

'해야 할 일'은
모두 '하고 싶지 않은 일'이다

인간은 언제나 무언가를 할 때 '무엇을 하고 싶지 않다.', '가능하면 그만두고 싶다.'라고 생각하지만 그만둘 수 없어서 힘을 낸다. 아니 오히려 스스로 분발한다.

자기 자신에게 '힘을 내.'라고 응원하지 않으면 아무것도 할 수 없다. 자신을 분발시키는 것은 모든 인간에게 공통적으로 필요한 일이다.

이 세상에서 자발적으로 '하고 싶어서 견딜 수 없는' 것이라고 하면 게임이나 마약, 음주 정도이다. 공부나 청소나 일 등은 '하고 싶어서 견딜 수 없는' 카테고리에 들지 않는다. 하고 싶은 일은 해서는 안 될 일들뿐이다

'해야 할 일'은 모두 '하고 싶지 않은 일'이다. 그것이 생명이라는 존재이다. '질투'는 말할 것도 없이 하고 싶은 것이다.

인간은 그렇게 되어 있다. 공부하고, 직업을 찾아서 성실하게 일하기 위해서는 정신적으로 상당한 에너지를 만들지 않으면 안 된다.

'해야 할 일'은 모두 '하고 싶지 않은 일'이다. 그것이 생명이라는 존재이다.

2장
화는 행복을 파괴한다

감정은 창조하거나, 무언가를 만들거나, 키우는 긍정적인 에너지이지만,
화는 거부하거나, 버리거나, 파괴하는 부정적인 에너지이다.
그리고
그 화는 자신의 몸속에서 생기기 때문에 화가 생기는 것과 동시에
자신을 파괴하기 시작하는 것이다.

감정은
화의 덩어리이다

'산다는 것은 고苦'라고 하지만 사실 생명은 '고는 싫다.'라고 하는 마음이 있다.

'산다는 것은 고'라는 사실을 이해하지 못하기 때문에 '고는 싫다.'라는 마음이 한층 강렬해지는 것이다. '어떻게 해서라도 행복해지고 싶다.', '어떻게 해서라도 계속 살고 싶다.'라는 식으로 생각한다.

'어떻게 해서라도'라는 것은 윤리적이지 않고, 이성이 없고 오로지 마음뿐이다. 그것이 '감정'이라는 것이다.

가령 우리는 '죽고 싶지 않다.'라는 강렬한 마음을 갖고 있지만, '왜 그렇게 생각하는가?'라고 물어도 알 수가 없고 대답을 할 수 없을 것이다.

'어쨌든 죽고 싶지 않다.'라는 대답밖에 나오지 않는다. 그

것이 감정인 것이다. 이유가 없는 마음은 모두 감정이다.

본인에게는 분명히 '죽고 싶지 않다.'라는 마음이 있다. 이유는 잘 모르지만 그렇게 생각하거나, 또는 '죽는 것은 괴롭기 때문에 죽고 싶지 않다.'라고 대답할지도 모른다.

그러나 죽음이 괴로울지 어떻게 알 수 있는가? 경험한 적이 없는데 그렇게 말하고 있는 것이다. 이는 그저 생각만 할 뿐 이유가 없는 감정이다.

이처럼 이유가 없는 '살고 싶다.'라는 감정, 생에 집착하는 감정은 근본적인 감정이어서 무섭고 좀처럼 사라지지 않는다.

생명에는 '고는 싫다.'라고 하는 마음이 있다. '산다는 것은 고 품'라는 사실을 이해하지 못하기 때문에 '고는 싫다.'라는 마음이 한층 강렬해진다.

∞ 2 ∞

희망대로 되지 않는 것은
당연한 일이다

　인간은 대단히 희망을 좋아한다. '매일, 언제나, 밝게 생활하고 싶다.' 라고 생각한다. 이것은 '희망' 이지만 현실은 그렇지 않다. 모든 것이 '무상' 이기 때문에 우리는 일어나는 일을 관리할 수 없다.
　예를 들어 '오늘은 꼭 웃는 얼굴로 지내야지.' 라고 결심해도 어떻게 될지 알 수 없다. 누구를 만나게 될지 알 수 없고, 갑자기 싫어하는 직장 상사가 자신에게 소리 칠 수도 있고, 어떤 문제에 휩쓸리게 될지 알 수가 없다.
　즉 자신만의 노력으로 그것을 달성하기란 불가능하다.
　우리는 계속 환경에 접하여 생활하지 않으면 안 되기 때문에 그 환경을 자신이 관리할 수는 없다.
　반대로 '계속 침울한 기분으로 지내야지.' 라고 생각해도 자신도 모르게 웃게 될지도 모른다. 앞으로 우리가 어떤 환경에 처할지 한치 앞도 알 수가 없어, 미래의 일은 준비도 할 수 없다. 웃는 얼굴로 있어도, 침울한 얼굴로 있어도, 환경에 의해 한치 앞을 가늠할 수 없으며 어떻게 될지도 모른다. 절대로 자신의 희망대로는 되지 않는 것이다. 환경이 자신의 계획이나 희망과 다른 경우는 환경에 저항하는 마음, 거부반응이 생긴다. 그 거부반응이 바로 '화'이다.

희망대로 안 되는 것은 당연한 일임을 깨달아야 한다.

'자아'는 그저 흘러갈 뿐이다. 청각이 흘러서 사라져가고, 감각이 흘러서 사라져간다. 추우면 춥다고 하는 느낌이 흐르다 사라져가고, 더우면 덥다는 느낌이 흐르다 사라져간다. 자신은 아무것도 관리할 수 없다.

자신이라는 것은 처음부터 없다. 차가운 것이 닿으면 차가움을 느끼고, 따뜻한 것을 만지면 따뜻함을 느낀다. 정말로 자아가 있다고 한다면 감각을 생각대로 하려고 하면 할 수 있어야 한다. 그러나 실제는 그렇지 못하다. 사실은 자아 따위는 없기 때문에 육체도 관리할 수 없는 것이다. 무엇 하나 원하는 대로 되지 않는다.

희망대로 되지 않는 것이야말로 '당연한' 것이다. '희망'이란 '자아'가 되지노 않는, 있을 수 없는 일을 생각하는 것에 지나지 않는다. '희망이란 있을 수 없는 것'이라는 사실을 아는 것은 상당히 수준이 높은 지혜이다.

모든 일은 희망대로 되지 않는, 인과법칙대로 흘러갈 뿐이다.

'자아'라는 착각에 의해 화와 미움도 나타난다. 그러나 사실 만물은 그저 변화하고 있을 뿐이다. 육체에 외부의 물질이나 정보가 들어와서 몸이 계속 변화하는 것으로, 변화하는 프로세스가 있을 뿐이다. 이것은 명상하지 않는 한 경험할 수 없지만, 사실이 그러하다는 것은 알아두어라.

자신에게 '자아가 있다.'라는 마음이 있어도 '실제로 자아는 없다.'라는 것이 사실이다. 이 사실을 알았다면 더 이상 화를 내지 않게 된다.

희망대로 되지 않는 것이야말로 '당연한' 것이다. '희망'이란 '자아'가 되지도 않는, 있을 수 없는 일을 생각하는 것에 지나지 않는다. '희망이란 있을 수 없는 것'이라는 사실을 아는 것은 상당히 수준이 높은 지혜이다.

3

희망과 현실

　우리의 인생은 일방적으로 쇠퇴해갈 뿐이다. 우리의 몸은 어제보다 오늘 쇠약해져 있어 날마다 늙어간다. 우리는 그것을 인정하고 싶지 않은 것이다. 어제보다 오늘, 능력과 체력이 있다고 생각하고 싶어 한다.
　우리는 이것저것 계획하지만, 그것은 '매일, 성장한다.' 라는 방향으로 생각하며, 그런 프로그램을 짜는 것이다.
　그러나 현실은 다르며, 매일매일 하강곡선을 그린다. 완전히 상반된 희망과 현실이지만, 이 틈이 클수록 '화' 가 강해진다.
　예를 들어 '늘 젊음을 유지하고 싶다.' 라는 희망이 강하면 강할수록 자신에 대한 콤플렉스나 혐오감이 증폭된다.
　반대로 '어차피 나이는 먹기 마련이야.' 라고 생각하면 주름이 조금 생기거나 허리가 아파도 '그래서, 뭐? 당연한 일이잖아.' 라는 식으로 넘길 수 있다.

'늘 젊고 싶다.' 라는 희망이 없으면 희망과 현실의 틈이 없기 때문에 화를 내지 않고 지나가는 것이다.

화의 범인은 '무상' 이다. '계속 젊고 싶다.' 라고 생각해도, 끊임없이 변해간다. 이 사실은 어쩔 수 없다.

마음의 과학인 불교의 입장에서 분석하면, 우리의 마음 깊은 곳에서 작용하고 있는 심리적인 어프로치가 화를 만들어낸다고 할 수 있다. 따라서 화를 치료하기 위해서는 가벼운 처방으로는 치유할 수가 없다. 정밀한 수술이 필요하다.

화의 범인은 '무상' 이다. '계속 젊고 싶다.' 라고 생각해도, 끊임없이 변해간다. 이 사실은 어쩔 수 없다.

4

현실을 직시한 인생론

　자아 · 에고라는 것은 복잡하고 미묘한 것이다. 자신의 계획대로 일이 풀리면 기분이 좋다. 보고 싶은 것만 보고, 듣고 싶은 것만 들어도 기분이 좋다. 살고 싶은 곳에 살 수 있으면 기분은 좋겠지만, 그것을 실현시키기까지 우리를 기다리고 있는 것은 너무나 큰 괴로움이다.

　3시간의 무대 연주에는 3년간의 연습이 필요하다. 그래서 당신에게 한 가지 숙제를 내고 싶다. '5분간의 즐거움에 우리는 1년 동안 고생하지 않으면 안 된다. 인생이란 그런 것이다.'라는 인생관을 갖도록 논리적으로 생각하라는 것이다.

　보통 사람들은 앞에서 말한 인생론을 가지고 있지 않기 때문에, '화'를 내지 않기 위해 '화'로 참고 있다. 그래서 약물중독에 빠지기도 한다.

섹스 심벌로 유명한 마릴린 먼로는 화를 내서는 안 되었다. 그러나 세상 사람들은 제멋대로였기 때문에, 부자는 그녀를 자신이 마음껏 사용할 수 있다고 생각해서 인간으로 여기지 않았다.

그럼에도 프로였기 때문에 참고 견딘 결과, 죽게 되었다. 죽음은 누구에게나 평등하지만 죽기까지의 과정에서 약물을 과다로 사용한 것은 그런 이유이다.

예를 들어 회사의 사장이 자아가 강한 사람이라면, 사장은 무섭다는 생각으로 말을 잘 들을 것이다. 그러나 그런 생각을 사장에게 표현하지는 않는다. 그래서 어떻게 하는가 하면 '무섭다.'라는 '화'가 자신의 속에서 불타버린다. 자기 파괴이다. 그 화를 극복하기 위해서는 이해가 필요하다.

속세의 길을 가는 한, 그 길은 끝이 없는 '화'의 세계이다. '나'의 자아가 강하다면 주위 사람의 자아도 저절로 강해진다. 자아가 강하면 강할수록 상대의 말은 듣지 않게 된다. 당연히 상대는 '나'의 말을 듣지 않는다. 도저히 말을 듣지 않는다면 폭력이나 권력으로 말하는 것을 듣게 하지 않으면 안 되게 된다.

'우리는 자아가 착각임에도 불구하고 그 착각의 자아를 근본 원인으로 해서 자아·착각을 위해 살고 있다. 따라서 결과적으로 삶의 길이 화로 인해 일관적으로 뒤틀려버린다. 그 화를 타인에게 표현하려 하지만 자신을 파괴해 버린다.'라는 진리이다.

자아라는 착각이 있으면 다음의 결과는 정해져 있고, 극한까지 화를 내는 인생이 된다.

그래서 우리는 새로운 인생론을 만들 필요가 있다. 자아라는 환각이지만, 이 환각에 사로잡힌다면 어떻게 할 수가 없다. 쳇바퀴 속에서 끝없이 돌기만 하는 햄스터처럼, 끝이 없는 '화'의 길을 걸어가야 한다. 이것을 잘 알아두어라. 우리는 쳇바퀴의 바깥쪽을 목적지로 삼지 않으면 안 된다.

우리는 자아가 착각임에도 불구하고 그 착각의 자아를 근본 원인으로 해서 자아·착각을 위해 살고 있다. 따라서 결과적으로 삶의 길이 화로 인해 일관적으로 뒤틀려버린다. 그 화를 타인에게 표현하려 하지만 자신을 파괴해 버린다.

∞ 5 ∞

'행복', '운수', '즐거움'은 망상개념이다

불교를 알게 되면 '감각은 고.', '산다는 것은 고苦.'라는 진리를 알게 되지만, 학교 공부나 철학이나 종교만을 공부해서는 그 진리를 배울 수가 없다. 그래서 '산다는 것은 고.'라는 근본을 모른 채, 유일하게 '싫다.'라는 사실만을 실감하고 살아간다.

'싫다.'라는 사실은 늘 실감하고 있지 않는가?

학교에 가기 싫다, 공부하기 싫다, 괴롭힘 당하기 싫다, 엄마가 만들어준 도시락은 싫다……. 이 '싫다.'라고 하는 반응이 화이다.

그리고 이 화를 이용해서 자신 나름대로의 행복, 운수, 즐거움과 같은 망상개념을 만들게 된다.

사실 '행복', '운수', '즐거움'은 망상개념이다. 왜냐하면

'산다는 것은 고'이기 때문에 '행복', '운수', '즐거움'은 진짜로 경험한 적이 없는 것이다.

우리는 배가 고프면 괴롭기 때문에 '싫다.'라고 생각한다. 그때 맛있는 음식을 먹는 게 행복이라고 생각해서 음식에 집착한다. 또는 아이들은 좋아하는 만화나 게임을 사면 행복하다고 생각하지만, 어른이 되어서도 마찬가지이다.

'돈이 곧 행복이고, 명예야말로 행복이다. 어떤 기록을 세우는 것도 행복이고, 인기가 있는 것, 유명해지는 것도 행복이다. 권력에도 행복이 있고, 아름답게 보이는 것 또한 행복이다…….' 등 예를 들자면 끝이 없다.

'행복', '운수', '즐거움'은 망상개념이다. 왜냐하면 '산다는 것은 고苦'이기 때문에 '행복', '운수', '즐거움'은 진짜로 경험한 적이 없는 것이다.

행복을 추구할수록 괴로움은 늘어난다

'산다는 것은 고苦'이며 사람은 '고'에서 다른 '고'로 갈아 타는 것뿐이다. 한 번도 행복한 적이 없다면, 경험하지 못한 '행복'을 이미지하기란 불가능하다. 따라서 행복에 대해 오해를 하고 찾아 헤매는 것이다.

'싫다.'라는 화로 인해 자신이 멋대로 '행복'이라고 생각하는 것을 원한다. 결국 어떻게 되는가 하면, 행복해지기는커녕 괴로움만 늘어난다.

정말 원하는 것을 얻으면 행복해져야 하는데, 세속의 행복을 갈구할수록 점점 괴로움이 늘어나게 된다.

가난한 사람이 점점 돈을 벌게 되면 즐거움이 아닌 근심만 늘어간다. 사회를 보더라도 우리는 과학의 발전으로 인해 생활이 편리해지고 쾌적해졌다고 생각하지만, 실제로는 삶을 한층 괴롭게 만들 뿐이다.

한 예를 들어보겠다.

양파 등을 순식간에 썰 수 있고, 마늘은 30초 만에 찧을 수 있는 편리한 도구가 있다. '정말 편리하다.'라고 생각을 한다. 하지만 실생활에서 사용해 보면 양파는 도마에서 부엌칼로 잘게 써는 것이, 마늘은 강판으로 다지는 편이 간단하다.

왜냐하면 그 편리한 도구는 상당한 수고가 필요하다. 먼저 기계를 꺼내서 전원을 켜고, 재료를 넣은 다음 버튼을 누르고 돌려야 한다. 순식간에 되지만 내용물을 꺼내면 기구를 씻어서 말린 후 보관함에 따로 넣어야 한다. 그 시간과 수고를 생각하면 도마와 부엌칼, 강판이 오히려 편리하다.

어쩌면 도마와 부엌칼로는 재료를 고르게 썰 수 없을지 모르지만 단지 불안감은 그것뿐이다. 그 불안을 없애기 위해 훨씬 많은 시간과 수고와 돈이 필요하다.

먼저 그 기계를 사야하고, 고장이 나면 고쳐야 하며, 부품을 교환하는 등의 비용이 든다. 필요 없어지면 처분하는 데도 비용이 들며 지출은 점점 늘어난다.

이처럼 인간의 편의를 위해 만든 기계지만 실제로 사용해 보면 '고'가 늘어날 뿐이다. 현대사회는 이와 같은 모순이 곳곳에서 일어나고 있다.

고속열차나 비행기, 배와 같은 교통수단도 시간과 수고를 덜기 위해 만들어진 것이지만 '빨리 갈 수 있다.'라는 편리함 이외에는 너무 많은 시간과 수고가 들어가고 번거롭다. 결국 괴로움이 늘어난 것이다. 또한 우리가 '깨닫지 못한 어리석음'도 있다.

즉 세상은 "괴로움을 싫어함에도, 어찌 그 괴로움의 길을 찾고 있는가."라는 모순된 길로 질주하고 있다.

정말 원하는 것을 얻으면 행복해져야 하는데, 세속의 행복을 갈구할수록 점점 괴로움이 늘어나게 된다.

∞ 7 ∞

'욕欲'은
'화'의 다른 버전이다

'화'의 다른 버전으로 '욕'이라는 것이 있다. '고'를 느끼면 '화'가 생기지만, 그때 '화가 없어졌으면.' 하고 바란다. 이 '~했으면'에 중심을 둔 감정이 '욕'이다.

가령 돈이 없는 상태라고 하자. '왜, 돈이 없는 거야.'라고 생각할 때는 '화'의 감정이고, '부자가 되고 싶다.'라는 식으로 미래를 의식하면 '욕'이 된다. 지금의 현실 상황에 초점을 맞추면 '화'이고, 그 현실이 사라진 현실을 망상하면 '욕'이다. 현재와 미래, 어느 쪽에 기대를 하는가의 차이로 화나 욕이 생기는 것이다.

그런데 화가 욕보다 근본적이다. 세상에는 욕에 눈이 먼 사람보다 화에 눈이 먼 사람이 훨씬 많다.

화와 욕의 차이를 구체적으로 설명하겠다.

평소에 성실한 청년이 예쁜 여자를 보고 욕이 생겼다고 가정하자. 그 여자와 사랑을 나누면 즐거울 것이라고 생각한다. 만약 청년이 이때 충분히 즐겁게 생활하고 있다고 하면 갑자기 눈에 띈 여자에게 욕을 품지는 않을 것이다. 현실에 있는 지루함 등의 '고(화)'로 인해 희망적인 욕의 감정이 생긴 것이다.

그러나 그 여자가 결혼반지를 끼고 있거나, 또는 자신에게 전혀 흥미를 보이지 않아서 사귀는 것을 포기했다고 하자. 원하는 것을 포기하는 것은 괴로운 일이다. 기분이 나쁘다. 그 기분은 '화'가 된다.

아시겠는가. 그 사람의 마음에 먼저 화가 있고, 그것이 욕으로 바뀐 것이다. 그리고 다음으로 욕이 화로 변해버린 것이다. 흔히 말하는 애증이다.

우리는 살아가면서 일관적으로 '싫은 기분이 드는 일'을 계속하고 있다. '싫은 기분'은 근본적인 '화'이다. 그리고 '나는 왜 이런가?' 하고 관찰을 하게 되면 분명한 '화'이지만, 그렇지 않고 '그건 싫어. 이렇게 해야지.'라고 생각하면 '욕'이다. 양쪽 다 '싫은 기분'이라는 똑같은 감정에서 발생하는 다른 버전이다.

배가 고프면 '싫다.'라고 생각하는 사람에게는 '화'가 생기고, '맛있는 걸 먹어야지.'라고 하는 사람에게는 욕이 생긴다. 이 둘밖에는 없다.

'왜, 돈이 없는 거야.'라고 생각할 때는 '화'의 감정이고, '부자가 되고 싶다.'라는 식으로 미래를 의식하면 '욕'이 된다. 지금의 현실 상황에 초점을 맞추면 '화'이다.

8

성욕은
당장 버려야 할 대표적인 욕이다

　화는 여러 가지 종류가 있지만, 욕은 여러 장면에서 생기거나 없어지거나 한다.
　화일수록 복잡하지 않지만 욕을 없애는 것은 조금 어려울지 모른다.
　특히 현대인은 필요 없는 물건도 '좋아 보이니 갖고 싶다.'며 달려드는 경우가 많다. 이것은 충족되지 않아도 괜찮은 욕이다. 그와 달리 살아가기 위해 '갖고 싶다.'라는 욕이 있다. 먹는 일이나 비바람을 피하는 것은 생존을 위해 필요한 욕이다. 그 욕을 없애는 일은 살아 있는 한 불가능하다. 따라서 더 '화를 없애는 것'에 초점을 맞추어야 한다.
　그다지 충족되지 않아도 살아갈 수 있는, 아무래도 좋은 욕의 대표가 '성욕'이다. 존재와 전혀 관계없고, 충족되거나 충족되지 않아도 아무래도 괜찮은 무의미하고 헛된 것이다.

밥을 먹고 싶은 욕은 충족되지 않으면 죽는다. 비바람을 피해 따뜻한 곳에 있고 싶은 욕도 내버려두면 생명에 지장이 있다. 그러나 성욕은 존재와는 관계가 없다.

예를 들어 인도 사회의 브라만 계급에서는 조상에게 제사지낼 수 있는 것은 아들뿐이다. 그런 문화에서는 '아들을 낳지 않으면 안 된다.'라는 생각은 보편적인 일이다.

또 대를 이을 아들을 낳아야만 하는, 세습을 중시하는 전통예술의 본가나 왕족의 이야기가 화제가 되기도 한다.

하지만 이것이 생명의 근본적인 욕구와 희망인가? 그렇지 않다. 망상이라는 이상한 사고를 이용해서 인간이 나중에 만들어 놓은 것이다.

부모님이 돌아가시기 전에 손자를 보게 하고 싶다거나 자손이 끊기면 안 된다는 망상으로 '아이를 만들어야 한다.'라고 생각해도, 기아상태에서 '한 입이라도 좋으니 음식을 먹고 싶다.'라는 마음만큼 절실하지는 않을 것이다. '나를 키워주신 부모님을 기쁘게 해드리고 싶다.', 또는 '부모님에게 효도하고 싶다.' 정도가 아닌가 한다. 반드시 해야만 한다는 마음은 아닐 것이다.

아이는 성행위의 결과로 태어나는 것이다. 아이를 만들기 위해 성행위를 하는 것이 아니다. 성행위는 생명의 기본적인 프로그램이 아니다. 현대인은 아이를 만들기 전에 가족계획이나 인생설계 같은 여러 가지 계획을 세운다.

그러나 만일 아이를 만드는 일이 근본적인 프로그램이라면 계획을 세우지는 않을 것이다. 가령 집에 불이 나면 '무엇을 가지고 나올 것인지.', '아이패드, 스마트폰을 가지고 나와야지.' 하는 따위의 한가한 계획을 세우고 있지 않을 것이다. 오로지 목숨을 지키는 일만 생각해서 먼저 집에서 뛰어나올 것이다. 그래서 성욕이 전혀 존재의 유지와 관계가 없다는 것이다.

밥을 먹고 싶은 욕은 충족되지 않으면 죽는다. 비바람을 피해 따뜻한 곳에 있고 싶은 욕도 내버려두면 생명에 지장이 있다. 그러나 성욕은 존재와는 관계가 없다.

∞ 9 ∞

채널이 많으면 즐겁지만
그만큼의 괴로움도 따른다

　우리는 CD로 음악을 듣는 것보다 영화를 보는 편이 더 즐겁다. 음악도 DVD로 보면 즐겁다. 왜냐하면 두 개의 기관이 동시에 즐겁기 때문이다.
　꽃놀이의 경우를 보아도, 꽃을 보고 싶다면 단지 꽃을 보면 좋을 것이다. 하지만 우리는 음악도 틀고 밥도 먹으면서 감각을 더 즐겁게 하려고 한다. 감각의 채널을 늘리면 점점 더 즐겁게 되기 때문이다.
　먹고 마시고 노래하고 '꽃을 보는 것'은 완전히 뒷전으로 밀려서 결국은 '보지 않은 것'과 마찬가지가 되고 만다.
　성행위는 다섯 개의 채널을 동시에 자극하기 때문에 깅힌 집착을 불러일으킨다. 그러나 감각은 괴로움이기에 오감을 사용하면 그만큼 피곤해진다. 그래서 인간이 가장 빨리 지치는 것이 성행위이다.

예를 들어 창에서 벚꽃을 보고 있는 경우, 하루 종일 보고 있을 수 있지만 꽃놀이를 가면 완전히 녹초가 된다. 채널을 너무 많이 늘린 것이다. 눈을 감고 음악을 들으면 하루 종일 들을 수 있지만, 영화관에서 하루 종일 영화를 보는 것은 고역이다. 채널을 두 개 사용하기 때문에 피곤이 두 배가 된다. 성행위는 더욱 그렇다. 생존에 필요 없는 욕은 망상의 개념이다. 망상으로 즐거운 일을 생각하니 끝이 없어진다. 더 갖고 싶고, 아무리 많아도 부족하다는 욕이 생긴다. 그런 제한이 없는 상태를 불교에서는 위험시한다.

욕 자체는 분석해서 우선순위를 매길 수 있다. 성욕은 당장 버려야 할 대표적인 욕이다. 다른 욕은 갑자기 버릴 수 없기 때문에 천천히 생각하면서 버린다.

성행위는 다섯 개의 채널을 동시에 자극하기 때문에 강한 집착을 불러일으킨다. 그러나 감각은 괴로움이다. 오감을 사용하면 그만큼 피곤해진다. 그래서 인간이 가장 빨리 지치는 것이 성행위이다.

10

홧김에 하는 것은 무엇이든 실패한다

중요한 포인트를 말하겠다. '홧김에 하는 것은 무엇이든 실패한다.', 그래서 '화내지 않는 것'이 중요하다. '화'의 결과는 반드시 좋지 않으며, 반드시 불행해진다.

'화' 그 자체는 물론이고 살아가는 데 위협, 공포, 두려움도 '화'의 원천이다. 너무나 손쉽게 '화'로 변한다. '화'로 변하는 것은 당연한 일이지만, 그 결과로 인생은 엉망이 되어버린다.

가령 숲에서 맹수가 자신을 공격해 왔다고 하자. 당연히 도망치기 시작한다. 산 정상으로 이어진 외길을 전력을 다해 달려서 도망치지만, 맹수가 끈질기게 쫓아오니 너무 공포스럽다. 그런데 도망쳐 올라간 산 정상이 낭떠러지이다. 외길을 달려왔기 때문에 이젠 낭떠러지에서 뛰어내리는 길 외에는 다른 방법이 없다. 하지만 뛰어내리면 죽을 것이 뻔하다.

결국 인생도 똑같다. 공포와 불안에 쫓기고 두려워하며 그것을 충동으로 해서 살아가고 있는 것이다. 달려서 도망가면 '화'라는 낭떠러지가 기다리고 있다. 화를 내면 파괴가 있을 뿐이고, 반복하게 되는 '함정'이 있는 것이다.

그러니 맹수라는 공포, 위협, 두려움 등에 '쫓기고 있다.'고 해서 뛰는 것은 좋지 않다. 이성에 근거한 삶의 방식이 아니다. 쫓겨서 도망치는 인생의 앞에는 반드시 '화'라는 낭떠러지가 기다리고 있다.

그럼 어떻게 하면 좋은가?

가능하면 맹수를 그대로 달리게 하며, 자신은 길에서 조금 벗어나 멈춰 선다. 그렇게 하면 기세등등하던 맹수는 갑자기 브레이크를 걸 수 없어서 달려오다 낭떠러지로 떨어진다.

'정말 큰일 났다.'라는 공포나 위협에 휩싸여도 도망치지 않고 참고 견디면 그 감정은 사라져버린다. 멈춰서 보아라. 그것으로 '이젠 안심' 상태가 된다. 공포심에 쫓겨서 내달리면 안 된다. 공포라는 맹수가 날뛰고 배회한다고 자신까지 휩쓸려서는 안 된다.

인생은 공포와 불안에 쫓기고 두려워하며 그것을 충동으로 해서 살아가고 있는 것이다. 달려서 도망가면 '화'라는 낭떠러지가 기다리고 있다. 화를 내면 파괴가 있을 뿐이다. 그것을 반복하게 되는 '함정'이 있는 것이다.

∞ 11 ∞

공포를 느끼지 않는
생명은 없다

어떤 생명이라도 공포, 두려움이 있다.

'아니, 나에겐 두려움은 없다.'라는 사람이 있다면 묻겠다. 병에 걸릴까 봐 걱정되지 않는가? 누구나 나이를 먹기 마련이다. 나이를 먹고 늙는 게 걱정되지 않는가? 친한 사람이 죽는 일도 있을 것이다. 사람의 죽음이나 자신의 죽음은 걱정되지 않는가? 어떠한가?

이런 일들은 누구에게나 생기는 일이다. 그러나 모두 '나는 다르다.'라고 말한다. 그래서 석가는 '생로병사生老病死'나 '애별리고愛別離苦'라는 말로 공포나 위협에 대해서 구체적으로 설명했다. '생로병사'나 '애별리고'가 없다고 말하는 사람은 아무도 없다.

사람은 밥을 먹지 않으면 살 수가 없지만, 먹는 것 하나하나에 있어서도 여러 가지 '고'의 감정이 나타난다. 일을 할 때에도 '아무것도 하지 않으면 월세를 낼 수 없다.', '생활비를 벌 수 없다.'라고 하는 '고'의 이유가 있고, 우리는 이런 것들을 두려워하며 살아간다. 살아 있는 한, 항상 마음 한구석에는 위협, 공포와 같은 감정이 있다.

'건강하고 밝게 살아야지.'라는 생각은 단지 관념적으로 생각하는 것에 불과하고 실제는 항상 어딘가에 위협, 공포, 두려움, 불안이라는 감정을 무의식적으로 품고 있다.

계속 무의식 속에 머문다면 좋겠지만 때로는 의식의 영역으로 떠오른다. 바로 '화를 낸다.'

'건강하고 밝게 살아야지.'라는 생각은 단지 관념적으로 생각하는 것에 불과하고 실제는 항상 어딘가에 위협, 공포, 두려움, 불안이라는 감정을 무의식적으로 품고 있다.

∞12∞

인생의 목적은 무엇인가?

　'인생의 목적은 무엇인가?' 하고 묻는다면 좋은 학교에 들어가거나, 좋은 사람과 결혼하거나, 월급이 많은 회사에 취직한다거나 하는 사람도 있겠지만, 큰 의미가 없다.
　어떤 운동선수는 재능이 있어 금메달을 인생의 목표로 삼는 경우도 있다. 공부, 음악에서도 마찬가지로 어떤 사람은 일류 대학을 목표로 달리고, 좋은 회사에 취직하기 위해 달린다. 그러나 불안은 그대로이고, 달리다가 완전히 지쳐버린다. 신경세포와 뇌세포가 혹사당하고 파괴되어서 가지고 있던 능력도 없어져서 어이없고 허무하게 죽는다.
　식물인간이 되고 싶지 않고, 다른 사람에게 폐가 되고 싶지 않다고 노력해도 그런 바람과는 반대의 결과에 이르게 된다. 모든 장수비결을 시도해서 오래 살고 싶어도, 그 바람과는 반대로 반드시 '죽음'이라는 결과에 다다르고 만다. 자신이 그토록 피하고 싶었던 결과에 다다르게 되는 것이다.

화를 극복하고 싶다면, 우리가 악순환 속에서 달리고 있다는 것을 이해할 필요가 있다. 정말 이해가 된다면 자연스럽게 부처가 말하는 다른 길, 안전한 길에 대해 '가볼까?'라는 자신감과 의욕이 생긴다. '자신의 인생은 무엇인가?'라고 진심으로 이해하라. 자신은 괴로움이라는 공포에 쫓겨서 낭떠러지를 향해 전력으로 달리고 있다고 이해하는 것이 중요하다. 멈추면 맹수에게 잡아먹히고, 달려도 낭떠러지에서 떨어져 죽는, 양쪽 모두 이길 승산이 없는 그 길을 어떻게 하면 좋은지 깨달아야 한다.

화를 극복하고 싶다면, 우리가 악순환 속에서 달리고 있다는 것을 이해할 필요가 있다. '자신의 인생은 무엇인가?'라고 진심으로 이해해야 한다. 자신은 괴로움이라는 공포에 쫓겨서 낭떠러지를 향해 전력으로 달리고 있다고 이해하는 것이 중요하다.

13

거절의 에너지가 강렬해지면
불행이 생긴다

　우리가 무언가를 보거나 듣거나 맛을 보거나 냄새를 맡거나, 그리고 생각하거나 한 것에 대해서 생기는 '싫다'라는 거절의 감정이 화이다. '이것은 먹고 싶지 않다.' 또는 '저 사람과는 말하고 싶지 않다.', '저기는 가고 싶지 않다.'라는 에너지가 '화'인 것이다.
　거절의 에너지가 강렬해지면 불행이 생긴다.
　'저 사람과는 말하고 싶지 않다.'라거나 '사귀고 싶지 않다.'라는 생각이 들 정도라면 아직 에너지는 약하지만, '보고 싶지 않다.' 또는 '말하는 것도 듣기 싫다.'라는 생각까지 들 정도면 그것은 아주 강렬한 힘을 지니게 된다.
　그것이 점점 상승하면 '저 사람은 지금 내 눈앞에 없지만 다른 어딘가에서 즐겁게 지내는 게 참을 수 없다.'라는 생각이

들게 되고, 어떻게 해서든지 그 사람을 죽이고 싶다는 생각까지 하게 되는 것이다.

인간의 화라는 것은 그렇게까지 고조되는 것이며 자연이나 사회, 무엇이든 파괴할 수 있지만 '화'라는 것은 그 사람의 마음속에서 생기는 감정으로 한 가지만은 확실하게 말할 수 있다.

'자신을 고칠 수 있다면 화로부터 도망칠 수가 있다.' 그렇다. 역시 모든 건 자신에게 달려 있다.

'저 사람과는 말하고 싶지 않다.'라거나 '사귀고 싶지 않다.'라는 생각이 들 정도라면 아직 에너지는 약하지만, '보고 싶지 않다.' 또는 '말하는 것도 듣기 싫다.'라는 생각까지 들 정도면 그것은 아주 강렬한 힘을 지니게 된다.

14

화는 본능이기 때문에 어쩔 수 없다는 자기변명이다

'화는 본능이기 때문에 어쩔 수 없다는 자기변명이다.'라고 말하면 '자연스러운 감정이기 때문에 괜찮을 거야.'라고 말하는 사람이 있다.

우리는 꽃을 보면 '아름답다.', 바퀴벌레를 보면 '불결하다.'라고 생각한다. 돼지고기를 보면 '아, 맛있겠다.'라고 생각하지만 뱀을 죽여서 토막 낸 모습을 보면 '아, 징그럽다.'라고 생각한다. 반면에 '그런 건 당연한 것이다.'라고 생각하는 사람도 많이 있다. 하지만 그렇다고 해서 '그렇게 생각하는 것은 자연스러운 것이다. 화내는 것도 애정이 생기는 것도 인간이기 때문에 어쩔 수 없지 않는가?' 하고 자신의 감정을 무조건 긍정해 버리면 어떻게 되겠는가? '본능인데 화내는 것은 당연하다. 인간이라면 화내는 건 당연한 일이다.'라고 생각할 수 있다. 그래서 대부분의 사람은 자신을 포기하고서 '나는 금방 화를 냅니다. 그건 인간의 본능이기 때문에 어쩔 수 없습니다.'라고 자기변명을 하는 것이다.

분명히 화도 인간의 본능 중 하나이다. '화는 인간의 본능적인 감정이어서 자기가 화내는 것도 나쁘지 않다.'라고 결정해버리면 아무 노력을 하지 않아도 되기 때문에 복잡한 일은 생기지 않는다.

그런데 만약 어떤 사람이 항상 화를 내는 성격이라고 한다면 그 사람은 평생 무엇을 느끼는 것인가?

'화'가 나면 '기쁨'을 잃어버린다고 앞에서 이야기했다. 따라서 그 사람은 줄곧 불행을 느끼게 된다. 인간으로 태어나서 아주 작은 기쁨도 느끼지 못하고 불만투성이인 불행한 인생인 것이다.

불쌍한 생각이 들지 않는가? '그건 그 사람의 성격이니까 어쩔 수 없다. 그대로라도 상관없다.'라고 내버려두어도 좋겠지만 역시 불쌍한 생각이 들지 않는가?

인간에게는 일을 하는 기쁨과 아이를 키우는 기쁨, 건강하게 활동하는 기쁨, 모두와 사이좋게 지내는 기쁨 등 '삶의 기쁨'이 얼마든지 있다. 그리고 지금 세상에는 맛있는 음식을 먹거나, 어딘가로 여행을 가거나, 예쁜 옷을 입고 멋을 부리는 기쁨과 즐거움이 있다.

목이 마를 때에는 한 방울의 물도 소중하다.

인간이 느끼는 행복도 이와 같다.

산다는 것은 몸을 지탱하는 것이기 때문에 그것만으로도 힘든 일이다. 그 괴로운 인생 속에서 우리에게는 한 방울의 물방울과 같은 아주 작은 기쁨이 있다.

일을 하고 있을 때는 힘들어도 '일을 하고 있다.' 라는 작은 충실감과 행복감, 일이 잘 풀렸을 때는 달성감이 있다.

아이를 키우는 것도 힘든 일이지만, 거기에는 '아주 사랑스럽다.' 라는 애정, 성장을 지켜보는 기쁨이 있다.

그렇기 때문에 힘을 낼 수가 있는 것이다. 그런 기쁨을 버린다면 인간은 인간답게 살아갈 수 없게 된다. 그러나 항상 화를 내는 사람에게는 그런 모든 기쁨과 무관해지는 것이다.

예를 들어 불만투성이인 사람과 함께 여행이나 밥을 먹으러 가본다. 그 사람은 반드시 상대까지 초조하게 만들 정도로 불평만 토로하고, 무엇 하나 기쁨을 느끼지 못할 것이다. 주위에서 무엇 하나 기쁨을 느끼려고 하지 않기 때문에 다른 사람들은 즐거움을 느끼지만 그 사람만은 불행할 뿐이다. 그리고 함께 간 사람까지 즐거움이 사라져버린다. 그런 사람은 주위의 사람에게는 피해만 줄 뿐이다. '화내는 것은 본능이다.' 라고 내버려둘 수는 없는 이유이다.

'화'가 나면 '기쁨'을 잃어버린다. 따라서 그 사람은 줄곧 불행을 느끼게 되는 것이다. 인간으로 태어나서 아주 작은 기쁨도 느끼지 못하고 불만투성이인 불행한 인생이다.

∞ 15 ∞

화는
우리의 생명을 위협한다

'화는 본능이기 때문에 어쩔 수 없다.'라고 치부하는 것은 대단히 위험한 발상이다. 그것은 '뭐, 어때.'라며 노력하지 않고 태만한 것이다.

'화는 감정이어서, 본능이어서 어쩔 수 없다.'라고 내버려두면 어떻게 되는가?

그 결과는 명명백백하다. 지금의 세상이 바로 그런 상태이다. 지금 세계에서는 모두가 태만하고 많은 소중한 것을 방치하고 있다.

지금 우리의 생명은 위험에 직면해 있다. 먹는 음식이 안전한지, 숨 쉬고 있는 공기가 오염되어 있지 않은지, 마시고 있는 물은 정말로 안전한지, 자신 있게 말할 수 있는가? 지금은 태양에 노출되는 것조차 무서운 시대이다. 그렇게 생각하면 앞으로도 살아갈 수 있을지 불안해진다.
　파괴적인 행동을 하는 사람도 많기 때문에 언제 어디에서 전쟁이 일어날지 알 수가 없다.
　지금 이 순간에도 인간은 무기를 만들어내고 있다. 지구 재산의 대부분은 사람을 죽이는 무기 개발에 사용되고 있는 것이다.
　그런 무기를 사용하기 시작하면 인류는 절망이다. 사용하려고 하지 않아도 인간이 만드는 기계가 완벽하게 안전하다는 건 불가능하다.
　따라서 그런 물건이 존재한다는 것만으로 인류는 커다란 위험에 직면하고 있는 것이다.
　지금 대부분의 무기는 원격 제어 시스템으로 조종되고 있다. 이쪽에서 전파신호를 보내는 것만으로 폭탄이나 미사일이 자동으로 발사되어 버린다. 세상은 전파로 넘쳐나기 때문에 만약 그런 기계가 전파를 받아서 자동으로 발사되기라도 한다면 어떻게 되겠는가?
　'자동으로 폭발하다니 절대로 있을 수 없는 일이다.', '우리나라의 원자력은 세계에서 가장 안전수준이 높아서 안전하다.' 이런 논리는 새빨간 거짓말이다.
　인간이 하는 일은 허점투성이이나. 이깃을 인정하지 않는 사람이 하는 일이란 더욱 위험하다. 믿는 도끼에 발등 찍힌다는 말이 있다.

우리는 아무런 위기감도 없이 파괴의 도구를 만들거나 파괴적인 사고를 가진다. 그래서 우리는 '화는 감정이기 때문에 어쩔 수 없다.'라고 방치할 수 없는 것이다.

∞16∞

'옳은 화'란 존재하지 않는다

　화를 내버려두는 것은 우리의 한 사람 한 사람의 생명과 관련되는 것이다.
　화를 조절하지 않으면 어느 누구도 행복해질 수 없다. 스스로 마음을 굳게 먹고 화가 생기지 않도록 성격을 조절해야만 한다. 이때 주의해야 할 것은, 화가 생기지 않도록 한다는 것은 '화와 싸운다는 것'이 아니라는 것이다. 화와 싸우려고 하는 감정 자체도 '화'이자 좋지 않은 것이기 때문에 '어떻게든지 화를 내지 않는 인격으로 키우자.'라는 것을 뜻한다.
　정의의 편이 되기 위해서는 악당을 무찌르지 않으면 안 되기 때문에, 사람을 쓰러트리거나 죽이기 위해 필요한 것이 '화'인 것이다.
　이것은 '정의의 편'이라는 가면 아래에서 우리는 '화'를 정당화하고 있는 것이다. 정의의 편은 '악당을 무찌르자.' 라며 굳이 적을 찾아나서는 것이기 때문에 바람직하지 않은 감정으로 가득 차게 된다.

정의의 편이라는 말까지 하지 않아도 '누군가와 싸우자.' 라는 감정이 강한 사람은 스트레스가 심하고 여러 가지 문제를 일으킨다.

본래 즐거워야 할 공부도 '시험에서 좋은 점수를 얻고 싶다.', '수험전쟁에서 이기고 싶다.', '라이벌을 능가하고 싶다.'는 기분이 들기 시작하면 거기에 존재하는 것은 화이다. 왜 싸우는 것인가? 싸워서 잘 풀리지도 않을 뿐더러 괴로워질 뿐인데도 말이다.

'악에 대항해서 싸우자.', '정의의 편에 서자.' 라는 것은 말이 되지 않는 소리이다.

'올바른 화' 라는 것은 존재하지 않는다. 어떤 화라도 정당화할 수는 없다. 우리는 종종 '화내는 것은 당연한 것이다.' 라고 말하지만 이건 전혀 당연한 일이 아니다.

17

애정과
행복으로 가득 찬 용서

예수 그리스도와도 닮은 유명한 에피소드가 있다.

'불륜을 범한 여자는 돌로 쳐 죽인다'는 유대교의 형법에 따라 사람들이 불륜을 저지른 여자를 붙잡았을 때의 일이다. 사람들은 그 여인을 기둥에 묶고 돌을 던져서 죽이려고 했다. 불륜을 저지른 여자는 처형한다고 정해져 있었던 것이다.

그런데 그때 그곳에 예수가 나타나서 '당신들은 무엇을 하려고 하는가?'라고 물었다.

'이 여자는 불륜을 저질러 남편을 배신했습니다. 그래서 우리가 신의 가르침에 따라 돌로 쳐 죽이려는 것입니다.'라고 사람들은 말했다.

그러자 예수는 '잘 알았으니 그럼 제일 먼저 아무런 죄도 범하지 않은 사람부터 돌을 던져라.'라고 말하고는 가버렸다.

그 말을 들은 순간 아무도 돌을 던질 수 없게 되었다. 그리하여 그 여인의 생명은 구원된 것이다.

이 예수의 말은 진리이다. '나쁜 짓을 범했기 때문에 그 사람에게 죄를 가하는 게 당연하다.' 라는 생각은 정말로 이상한 것이다. '죽여도 좋다' 라는 판단기준은 어디에도 존재하지 않기 때문이다.

여기서 예수가 말하고 있는 것은 '용서하라.' 라는 것이다. 어디까지 용서할 것인가라는 범위는 바로 '어디까지나' 이다. 용서에는 한계가 없는 것이다. '그 생각은 틀림없이 바른 것이며, 그러므로 행복을 얻을 수 있다. 신의 세계가 자신에게 구현된다.' 라고 말하고 있다. '신의 세계' 는 '행복의 상태' 일 것이다.

분명히 '사람이 무엇을 하려고 해도, 어떻게 되든지, 나는 그 사람을 용서합니다. 그 사람을 거절하지 않고, 애정을 가집니다.' 라고 모든 것을 용서하는 마음이 된다면 그 사람의 마음은 애정과 행복으로 가득 차게 된다. 그 상태를 기독교에서는 '신' 이라고 부르며, 다른 종교에서는 다른 말로 표현하고 있다. 그 단어 자체는 그다지 의미를 갖지 않지만, 중요한 것은 '용서한다.' 라는 행위이다.

또한 사람의 감정을 신격화하지 않는 불교는 단순히 '자비, 용서한다.' 라는 말을 사용한다.

'사람이 무엇을 하려고 해도, 어떻게 되든지, 나는 그 사람을 용서합니다. 그 사람을 거절하지 않고, 애정을 가집니다.'라고 모든 것을 용서하는 마음이 된다면 그 사람의 마음은 애정과 행복으로 가득 차게 된다.

18

화는
자신을 불태우는 '불꽃'이다

　화는 우리에게 많은 악영향을 미친다.
　'화를 내면 불행해진다.' 라는 것은 설명을 했다. 그것을 인식하는 것은 간단하다.
　화를 내고 있으면 기분이 나빠진다. 따분할 때 기분은 어떠한가? 최악일 것이다. 마음에 화가 있으면 인간은 불행하다.
　반대로 생기에 넘쳐 있을 때 마음은 어떠한가? 밝고 가볍고 대단히 기분이 좋을 것이다. 그것을 우리는 행복이라고 부른다. 또한 감정은 창조하거나, 무언가를 만들거나, 키우는 긍정적인 에너지이지만, 화는 거부하거나, 버리거나, 파괴하는 부정적인 에너지이다. 그리고 그 화는 어디에서 생기는가 하면 자신의 몸속에서다. 그래서 화가 생기는 것과 동시에 화는 자신을 파괴하기 시작하는 것이다.

파괴하기 위해 필요한 것은 일반적으로 말하면 '불火'이다. 이것을 잘 알 수 있는 것이 힌두교이다. 힌두교의 시바 신은 파괴를 관장하는 신으로, 힌두 신을 칭송할 때에는 불을 태우면서 다양한 종교의식과 의례를 행한다. 당신도 텔레비전에서 본 적이 있을 것이다. 시바 신에게 제사하기 위해 성스러운 불을 피우거나, 그 불에 '신이여, 받아주소서.' 하고 음식을 바치는 것을 말이다.

불교에서도 화를 불에 비유하고 있다.

자신의 몸에 불을 피우면 손대는 모든 것에 불을 붙여서 파괴할 수가 있다. 하지만 그 후에는 무슨 일이 일어나는가? 먼저 자신이 불타버린다. 그것으로 알 수 있듯이 화에는 무언가를 파괴하는 힘이 있다. 그 무엇보다 앞서 파괴되는 것은 자기 자신인 것이다.

성냥도 마찬가지이다. '쓰레기를 태우자.' 라고 생각하고 성냥으로 불을 붙이면 제일 먼저 불타는 것은 성냥이다. '성냥은 중요한 것이기 때문에 불태우고 싶지 않지만 쓰레기는 불태우고 싶다.' 라는 바람은 절대로 이루어질 수 없는 것이다.

감정은 창조하거나, 무언가를 만들거나, 키우는 긍정적인 에너지이지만, 화는 거부하거나, 버리거나, 파괴하는 부정적인 에너지이다. 그리고 그 화는 자신의 몸속에서 생기기 때문에 화가 생기는 것과 동시에 자신을 파괴하기 시작한다.

∞19∞

'화'는
깨닫지 못하는 사이에 몸을 파괴한다

화라는 것은 자신을 스스로 화염에 휩싸이게 하는 것이다. 이윽고 세포가 파괴되고 잿더미로 부서져버린다. 시험 삼아 야채나 꽃을 약한 불에 쬐여 보아라. 싱그러운 야채를 햇볕 좋은 양지에 놓고서 태양이 비추도록 하는 것만으로도 좋다. 한 시간, 두 시간, 세 시간 놓아두면 어떻게 되겠는가? 말라서 시들어져 버릴 것이다. 그 변화는 불에 쬐이면 더 심해질 것이다. 우리의 몸속에도 그와 같은 일이 일어나고 있는 것이다.

물론 화를 낸 순간 손이 심하게 아파오고, 발이 아파서 움직일 수 없거나, 배가 심하게 아파서 죽을 것 같은 일이 생기면 누구라도 화를 내지 않을 것이다. 화에는 그러한 신호가 없기 때문에 무서운 것이다.

특히 뇌세포가 많은 호르몬을 분비하고 있는 장소에는 보이지 않는 작은 기관이 많이 있다. 너무 작아서 금방 느끼지 못하지만 화는 자신의 내장과 호르몬 관계의 모든 기관을 불태워 버린다.

가장 먼저 영향을 받는 것은 심장이나 폐, 간장 같은 내장이다. 내장은 24시간 쉬지 않고 일을 하고 있다. 그 세포가 화로 인해 빨리 노화되면서 자기 자신도 모르는 사이에 서서히 병들어 간다. 여기저기가 아파오고, 위궤양에 걸리거나 암에 걸리거나, 불치병에 걸리는 것이다. 화를 잘 내는 불만투성이의 사람은 병에 걸리기 쉽고 타인보다 먼저 늙어버린다. 빨리 피곤해지고, 잠들지 못하고, 고민을 많이 하는 사람은 마음에도 문제가 있다고 봐야 한다. 그런 사람은 화내는 성격을 지니고 있는 것이다.

화를 냄으로 해서 영향을 받는 것은 심장이나 폐, 간장 같은 내장이다. 내장은 24시간 쉬지 않고 일을 하고 있다. 그 세포가 화로 인해 빨리 노화되면서 자기 자신도 모르는 사이에 서서히 병들어 간다.

∞ 20 ∞

병이 빨리 낫는 사람과 낫지 않는 사람

화를 얕보면 안 된다. 화가 생기는 순간 몸에는 맹독이 들어온다. 설령 아주 조금이라도 화를 내는 것은 몸에 좋지 않다는 것을 분명하게 기억해 두어라. 화는 제일 먼저 자신을 갉아먹는다. 정말로 몸이 병에 걸리게 된다.

쾌활하고 명랑한 사람이 심각한 병에 걸렸다는 이야기는 들어본 적이 없다. 그런 사람은 설사 병에 걸려도 의사와 금방 친구가 되어서 치료효과도 높아지기 때문에 빨리 치유가 된다. 입원한 사람이 명랑한 사람이라면 간호사들도 즐거워지고 친절하게 간호해 주며, 모두가 빨리 쾌유하기를 기원해 준다.

반대로 모두에게 미움을 받는 것은 불평만 부리는 환자이다. 간호사가 '시끄러운 환자가 또 비상벨을 누르고 있다.'고 생각하고 마지못해 가보면 이불을 덮어달라거나 투정을 부리거나 물잔을 달라고 심술을 부린다. 이렇게 사소한 일로 비상벨을 눌러 부르면 간호사들이 일을 제대로 할 수가 없다. 그런데 환자는 '부르면 와야 하는 게 간호사의 일이다.'라며 거만한 태도를 보인다.

이런 식이라면 병이 나을 수 있는가? 낫기는커녕 오랫동안 병으로 괴로워할 것이다. 병이 낫지 않으니 병원생활도 길어지고 그럴수록 모두에게 미움을 받는다. 의사도 간호사도 '이 환자에게서 빨리 도망가자.'라는 심경으로 치료하기 때문에 환자와 마음이 통할 리가 없다. 이렇게 몸 상태도 점점 더 나빠지고 자기 자신도 괴로워지게 된다.

화가 생기는 순간 몸에는 맹독이 들어온다. 설령 아주 조금이라도 화를 내는 것은 몸에 좋지 않다는 것을 분명하게 기억해 둬야 한다. 화는 제일 먼저 자신을 갉아먹는다. 정말로 몸이 병에 걸리게 된다.

화내는 사람은 '행복 도둑'이다

　화를 내는 사람만 불행해지거나 죽는다면 '자기 멋대로 화내서 불행해지거나 죽어도 상관없습니다.'라고 말할 수 있지만, 그렇지가 않다. 화를 내는 사람들은 주위의 사람들에게 수많은 폐를 끼치고 있다. 인간은 행복을 위해서 필사적으로 노력하는데 그 사람들의 행복을 한순간에 빼앗아 버리는 행복도둑이다.
　도둑이라도 물건을 훔치기만 한다면 그다지 신경을 쓰지 않아도 된다. 누군가가 자신이 먹으려고 하는 밥을 먹었다고 해보자. 그 정도로는 그다지 화도 나지 않고, 만약 먹은 사람이 '정말로 맛있었다.'라고 말한다면 억울함도 덜할 것이다.
　자신이 만들어 먹으려고 하던 음식을 누군가에게 빼앗긴 경우도 대체로 똑같다. 칭찬받고 사의를 받는 행복을 대신 얻었기에 그런 약탈 방식은 그다지 신경을 쓰지 않아도 좋다. 도둑이지만 행복까지는 빼앗지 않았기 때문이다.

그런데 화내는 사람은 우리의 생명에서 가장 소중한 '인간의 삶의 보람'을 빼앗아 간다. 타인의 돈을 훔친 도둑이라면 타인의 돈으로 자신이 즐거워지고 싶은 마음인 것이다. 그럼 타인의 행복과 삶의 보람을 훔치는 '화 도둑'은 타인에게서 빼앗은 것으로 행복해지는 것이 아니라, 자신이 화를 내서 괴로워지는 것이다. 타인의 행복까지 파괴하고 타인까지 끌어들였기 때문에, 화를 내는 것은 도둑 중에서도 가장 나쁜 도둑이다.

화를 내는 사람들은 주위의 사람들에게 수많은 폐를 끼치고 있다. 인간은 행복을 위해서 필사적으로 노력하는데 그 사람들의 행복을 한순간에 빼앗아 버리는 행복도둑이다.

∞ 22 ∞

화내는 습관은
고치기 어렵다

이기심이 강한 사람의 주위에는 적들만 생긴다. 세상이나 사람을 적으로 만든 원인은 자신의 이기심이다. '여기에 내가 있다.', '나는 이런 사람이다.', '나는 회사에서 부장이다.', '나는 과장이다.' 또는 '나는 여자다.', '나는 남자다.' 등의 '나'에 대해 여러 가지 개념을 부여하고 있기 때문에 타인과 접촉해서 이런 개념이 파괴되었을 때 화가 생기는 것이다. 그리고 화가 마침내 '화내는 습관'으로 고정되면 좀처럼 고칠 수가 없다.

여성에게 '차 좀 내오라.'라고 말해서 싫은 기색을 보이면 '자넨 여잔데, 여자가 차를 내오는 것은 당연한 일이다.'라고 태연하게 말하는 한심한 남성도 있다. 그리고 자신이 명령한 일을 꼼꼼히 처리하지 않으면 화를 낸다.

'상사인 내 말을 부하가 듣는 것은 당연한 일이다.' 라고 하는 말도 종종 듣지만, 누가 그것을 정한 것은 아니다. 그 또한 단지 이기심일 뿐이다.

　이런 사람은 '여자이기 때문에, 부하이기 때문에 이런 일을 거부해서는 안 된다.' 라고 당연한 듯이 생각하고 있지만, 누가 그것을 정한 것이 아니다. 그것은 이기심에서 생긴 무지 그 자체이다. 생각이 완전히 뒤틀린 것이다.

이기심이 강한 사람의 주위에는 적들만 생긴다. 세상이나 사람을 적으로 만드는 원인은 자신의 이기심이다.

23

모든
싸움의 근원

'자아'라는 껍질은 환각이다. 이 환각으로 인해 화가 끊임없이 생긴다. 상대가, 주위의 모든 사람이, 라이벌이 되어버린다.

예를 들어 다른 사람의 말에 화가 날 때가 있는데 그것은 '나를 모욕했다.'라고 하는 기분이 들기 때문이다.

자세하게 말하면 '내가 듣고 싶은 말이 아니라 내가 듣고 싶지 않은 이야기를 들은 것'이다.

그러나 소리는 자연의 것이다.

나에게 '듣고 싶은 소리, 듣고 싶지 않은 소리'를 판단할 권리가 있는가? 비록 내가 '비가 내리지 않았으면.' 해도 비는 그치지 않는다. 똑같이 상대도 자아로 굳어져 있는 사람이기 때문에, 그 사람이 자신에 대해 무슨 말을 하든지, 듣는 쪽에서 관리하는 것은 무리이다.

그런데도 '왜 그런 말을 하는 거야.' 혹은 '실례잖아.' 라고 하며 화를 내는 것이다.

우리의 진심은 '맛있는 것만 먹고 싶다.', '듣고 싶은 소리만 듣고 싶다.', '보고 싶은 것만 보고 싶다.' 고 마치 신처럼 생각한다. 믿을 수 없을 만큼 바보 같은 짓을 하면서 살아가고 있다. 그렇게 되는 이유는 '자아라고 하는 환각에게 사로잡혀 있기 때문'이다.

자아로, 환각으로, 자기 이외의 것을 관리하려고 하는 것이다.

그러나 성서를 읽어보아도, 신의 뜻대로 되지 않는 일이 많이 일어난다. 인간이라면 대부분 일이 원하는 대로 흘러가지 않는 것은 당연하다. 그런데도 실제는 '나는 신보다 뛰어나다.', '내 희망대로 되었으면 좋겠다.' 라고 생각한다. 그것이야말로 더없는 무지가 아닐까 한다.

'나는 이렇게 되었으면 좋겠다. 저렇게 되었으면 좋겠다.', '세계는 이래야만 된다.', '가족이 이렇게 했으면 좋겠다.', '회사가 이렇게 해주었으면 좋겠다.' 등등. 그런 한없이 무지한 이야기를 태연하게 한다.

또한 그런 어리석음을 전혀 깨닫지 못한다. 논리적으로 생각하면 믿을 수 없을 만큼 바보 같은 말을 하고 있는데, 그것을 전혀 깨닫지 못하는 것이다.

우리의 진심은 '맛있는 것만 먹고 싶다.', '듣고 싶은 소리만 듣고 싶다.', '보고 싶은 것만 보고 싶다.'고 마치 신처럼 생각한다. 그 이유는 '자아라고 하는 환각에게 사로잡혀 있기 때문'이다. 자아로, 환각으로, 자기 이외의 것을 관리하려고 한다.

∞ 24 ∞

자아의 가치

우리는 환각에 지나지 않는 자아에 대해 궁극적인 평가를 하고 있다. '궁극적인 가치를 지닌 것은 무엇인가?' 하고 사람들에게 물으면 '나의 생명이다.' 라고 말할 것이다.

생명이 위급한 상태가 되면 무엇이든 버릴 것이다. 보통은 자신의 발은 소중하다고 생각하지만 막상 다리가 썩어가는 병에 걸리면 아무런 일도 아닌 듯, '선생님, 부탁드립니다. 절단해 주십시오.' 하고 부탁할 것이다. 암에 걸리면 아무런 주저 없이 그 장기를 버린다. 아무리 돈에 눈이 먼 구두쇠라도 중병에 걸리면 아무리 돈이 많이 드는 치료라도 받으려고 할 것이다.

그래서 인간은 자아라는 환각으로 '나는 궁극적인 가치' 라고 생각하고 그런 마음으로 살아가고 있다.

모든 생명은 '자신이야말로 궁극적인 가치가 있다.'라고 생각하고 있다.

∞ 25 ∞

'화를 내지 않는 것'은
모든 생명체들로부터의 요청이다

한 나라의 정치를 하고 있는 사람들이 어떤 계기로 화를 내면 전쟁이 일어나는 경우가 드물지 않게 있었다. 그렇게 되면 아무런 죄와 화도 없는 국민이 전쟁에 내몰려서 죽을 수밖에 없다. 세계의 역사를 보더라도 그런 어리석은 사람들이 종종 등장했다. 원래 '정치를 하고 싶다.', '왕이 되고 싶다.', '독재자가 되고 싶다.'라고 생각하고 타인을 지배하려고 하는 것은 어리석은 사람뿐이다. 지혜로운 사람은 '그런 일은 시시해.'라며 하지 않는다. 그래서 예전부터 현재까지 세상을 지배하고 있는 사람은 절대로 지혜로운 사람도 아니고 천재도 아닌 그다지 선하지 않은 사람들이나. 그런 사람들은 언제 머리가 돌아버리든지 화를 폭발시킬지 모르기 때문에 대단히 위험하다. 따라서 지배자도 관리하지 않으면 안 된다.

예를 들어 미국에는 대통령을 컨트롤하는 사람들이 많이 있다. '대통령이 자신의 의지로 무언가를 판단해 버리면 큰일이 난다.'라고 생각해서 안전장치를 깔아놓고 있는 것이다. 주위에는 항상 지혜로운 사람과 많은 사람들이 있어서 '이럴 때에는 이렇게 합시다.'라고 조언을 하고 있다. 대통령이 연설할 때에는 주위사람이 연설문을 하나씩 써주고 본인은 잘난 체 읽을 뿐이다. 그 정도로 컨트롤하지 않으면 무슨 일을 저지를지 모른다.

화는 자신을 파괴하고 자연을 파괴하고 결국엔 타인의 행복까지 빼앗아 버린다. 그래서 자신에게 약해져서는 안 된다. 우리는 화를 어떻게든 조정하려고 노력해야만 한다. '화를 내지 않는 것'은 개인의 과제이자 모든 생명체들로부터의 요청이기도 한다.

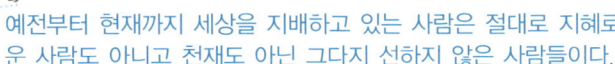

예전부터 현재까지 세상을 지배하고 있는 사람은 절대로 지혜로운 사람도 아니고 천재도 아닌 그다지 선하지 않은 사람들이다.

26

상대를 쓰러트리기 전에
자신이 파괴된다

《법구경》에 '우리는 이 세상에서 죽는 존재이다.'라는 사실을 다른 사람(현자가 아닌 사람)은 모른다. 현명한 사람은 이것을 잘 알고 있기 때문에 싸움을 하지 않는다.'라는 말이 있다.

왜 세상에 싸움이 있는가 하면 싸우는 사람들은 '싸우면 언젠가 자기 자신이 파괴되고 죽는다.'라는 사실을 모르고 있기 때문이다. 자신의 어딘가가 파괴된 것도 깨닫지 못하고 '나는 상대를 쓰러트렸다.'라고 커다란 오해를 하고 있는 것이다.

예를 들어 '다른 사람들은 저 사람이 무서워서 아무것도 말하지 못하지만 내가 따끔하게 말해 줬다. 그래서 저 사람도 나를 화나게 하면 안 된다는 것을 알았을 것이다.'라는 식으로 말이다.

그렇지만 그것은 스스로에 대한 속임수이다. 만약 화를 내서 누군가에게 무슨 말을 하면 처음에 자신의 마음을 파괴하고 아주 불행한 느낌을 맛보게 될 것이다. 화를 내는 사람에게는 그 관찰력이 없다. '화라는 것은 먼저 자기 자신을 파괴해 버린다.' 라는 것을 분명히 이해하면 인간은 무슨 일이 있어도 화를 내지 않게 된다. 아무리 끔찍한 상황에 직면하더라도, 아무리 혹독한 일을 맡게 되더라도 화를 내지 않는다. 화를 내면 자신을 상처 입게 만드는 것이다.

화를 내는 것은 스스로 독배를 마시는 것과 같기 때문에 일부러 스스로 독배를 마실 필요는 없다. 그렇기에 화를 고치기 위해서 먼저 필요한 것은 '화를 내면 스스로를 파괴해 버린다.' 라고 이해하는 것이다.

'화라는 것은 먼저 자기 자신을 파괴해 버린다.' 라는 것을 분명히 이해하면 인간은 무슨 일이 있어도 화를 내지 않게 된다.

∞ 27 ∞

세계를
바꾸려는 행동

　인간은 자아가 있어서 요리문화와 예술 등을 만들었고 여러 가지 건축물을 만들어왔다.
　건물을 예를 들어 말하면, 외관의 디자인에 신경을 쓰는 것은 물론, 카펫이나 커튼 등의 인테리어에도 시간을 들이는 등 상당히 복잡 미묘한 세계에서 살고 있다. 커튼이 본래의 기능인 태양광을 차단하는 것이라면 어떤 커튼도 상관없을 것이다. 하지만 집을 새롭게 단장이라도 하면 커튼을 고를 때 여러 가지 조건을 따진다. 디자인이 아름답고, 실내 인테리어와도 맞아야 하고, 물론 자외선도 차단해야 하고…… 여러 가지 요구사항이 생긴다. 그래서 '역시 전문가에게 맡겨야지.' 하고 시간과 돈을 들이게 된다.
　자신의 자아에 맞춰 세계를 바꾸려고 하는 것은 꽤 괴로운 작업이다. 당연히 그 과정에서 화가 나게 된다. 바꾸려고 하는 상대는 '세계'이기 때문에 절대로 마음대로 되지 않는다. 생각대로, 의도대로 결과를 얻기 위해서는 큰 고생을 해야 한다.

> 자신의 자아에 맞춰 세계를 바꾸려고 하는 것은 꽤 괴로운 작업이다. 당연히 그 과정에서 화가 나게 된다.

3장
화를 극복하는 법

화의 완전한 극복을 위해 먼저 생명의 시스템을 이해하고,
화를 분명하게 인식하고 있으면 감각의 시스템은 똑같지만,
'싫다.'라고 생각하는 화는 없어진다.
비가 내리는 것을 예를 들면,
비가 내리고 있을 때 '싫다.'라고 생각하면 화이지만,
'아, 비가 오네.'라고 생각하면 그것은 화가 아니다.

∞|∞

화를
극복하는 길

　화는 인생을 파괴하고 생명을 파괴한다는 것을 설명했다. 그리고 '화가 있기 때문에 생명은 살아 있다.'라는 모순에 대해서도 설명했다.
　이제부터는 레벨을 바꿔서 우리가 느낄 수 있는, 인식할 수 있는 화에 대해서 설명하겠다.
　화를 바르게 인식하는 것, 그 모습을 아는 것은 화의 극복으로 이어진다. 엄밀히 말하자면 확실히 화를 자각하면서 살아가면 화의 모습을 알 수 있게 된다.
　우리는 어떤 순간에도 화가 생길 수밖에 없는 환경에 놓여 있다. 꼼꼼하게 살펴보면, 한순간 생기는 화까지 볼 수 있게 된다.
　그렇게 되면 완전하지는 않지만, 대략 '화를 극복하고 있다.'라고 할 수 있다.

　화의 완전한 극복을 위해 어디까지 가능한지, 꼭 도전정신을 가지고 노력하라.

　먼저 생명의 시스템을 이해하고, 화를 분명하게 인식하고 있으면 감각의 시스템은 똑같지만, '싫다.'라고 생각하는 화는 없어진다.

　비가 내리는 것을 예를 들면, 비가 내리고 있을 때 '싫다.'라고 생각하면 화이지만, '아, 비가 오네.'라고 생각하면 그것은 화가 아니다.

　즉 '비는 고'라고 할 필요가 없어지는 것이므로, 좋은 것 나쁜 것이라는 가치판단은 사라진다. 그 '아, 비가 오네.'라고 하는 '납득'이 정답이다. '아, 그래. 모든 것은 무상이니까.'라는 상태가 된다. 괴로움이 사라지는 것이 아니라 괴로움은 그다지 신경을 쓰지 않아도 좋다는 상태가 되는 것이다.

　거기까지 이르기 위해서는, 인간은 화를 내기 쉬운 생물이기 때문에, 강제로라도 화의 반대의 마음 '자애'를 옮겨 심지 않으면 잘되지 않는다.

　'도움을 주자.', '싫은 기분으로 살지 말자.', '모두가 행복해지도록.' 하는 마음은 본래 우리에게 없는 성격이기 때문에, 일부러 옮겨 심어야 한다. 원래 있는 것은 '싫다.'라고 하는 마음뿐이기 때문이다.

화의 완전한 극복을 위해 먼저 생명의 시스템을 이해하고, 화를 분명하게 인식하고 있으면 감각의 시스템은 똑같지만, '싫다.'라고 생각하는 화는 없어진다. 비가 내리는 것을 예를 들면, 비가 내리고 있을 때 '싫다.'라고 생각하면 화이지만, '아, 비가 오네.'라고 생각하면 그것은 화가 아니다.

2

자애가 생기면
화가 사라진다

'자애는 당연하다.'라는 사실을 지혜와 이성으로 이해하면 저절로 자애가 생긴다. 생기지 않는 경우는 기원하고, 머릿속의 프로그램을 바꾸어 가면, 대체하는 과정에서 화가 자동적으로 사라진다.

최종적으로는 '자아가 없다.'라는 사실을 직접 경험하게 된다.

'자아는 없다.'라는 경험을 하여 깨달음에 이르러도, 어쩌다 기분이 나빠지는 경우가 있고, 아이를 공부시키려 하는데 말을 듣지 않으면 재촉하는 경우도 있다. 그러나 그 정도의 화이기 때문에 전혀 죄가 되지 않는다.

화가 완전히 사라지는 것이 아니라, 죄가 되지 않는, 문제가 되지 않는, 실패하지 않을 정도의 레벨이 된다. 화를 냈다고 해도 전혀 실패가 아니며, 상대에게는 아무런 폐도 끼치지 않는다. 잠깐 대화를 하는 것만으로 끝이 난다. 화를 내도 심한 말은 하지 않지만 다른 사람에게 욕을 할 정도로 감정이 격해지지도 않는다. '그거, 하지 말았으면 좋겠다.', '그런 성격은 좋지 않아요.' 라는 정도이다.

'인간의 본성으로 돌아간다.' 라고 하는 말을 들은 적이 있는데 그것은 틀린 말이다. 본성은 '화' 이기에 사람의 뒷얘기나 결점을 알고 싶어서 견딜 수 없어 한다.

그런데 그런 본성으로 돌아가면 파괴와 실패뿐이다. 따라서 '나는 자애로 살아간다.' 라는 생각을 인생론으로 삼아야 한다.

자애가 인생론이 되면 화는 점점 약해져서 드디어는 생기지 않게 된다. 본성은 물리치지 않으면 안 되는 것이다. 본성을 물리치면 훌륭한 사람이 되고, 그것은 자애로 살아가면 실현할 수 있다.

'자애' 를 자신의 모토로 삼으면 불행은 사라지고, 인생은 즐겁고 행복해질 것이다.

> 자애가 인생론이 되면 화는 점점 약해져서 드디어는 생기지 않게 된다. 본성은 물리치지 않으면 안 되는 것이다.

∞ 3 ∞

밝기가 줄어든 것을 깨닫는다

어떻게 하면 화를 깨달을 수 있는가?

불은 화재가 되기 전의 작은 불씨를 발견하고 끄면 재해까지 커지지 않는다.

그럼 화의 징후는 무엇인가?

'명랑함이 줄어드는 것'이 징후이다.

호텔방의 조명을 예로 들겠다.

조금이라도 마음의 조명이 어두워지면 '화의 세균이 침입했다.'고 깨달아라. 조명과 다른 점은 밝기가 사라지면 새카만 어둠이 아닌 새빨간 화가 생긴다는 점이다. 조금이라도 어두워지면 '화가 침입했다.'라고 깨달아라. 정확하게 말하면 화의 초기단계에서는 밝기가 사라지고 '나쁜 기분', '싫은 느낌'이 생긴다. '왠지 기분이 나쁘군.'이라고 빨리 깨닫는 편이 좋다.

그 단계라면 1분 이내에 고칠 수 있지만, 깨닫는 데에는 관찰이 필요하다.

화를 깨닫기 위한 관찰 재료로 두 가지를 생각할 수 있다.

간단하게 깨닫는 첫 번째는 타인이다. 타인에게 들은 말과 행동을 통해 화났다라고 생각하는 것이다.

그리고 두 번째 관찰 재료는 화난 것은 자신이라는 점이다.

후자는 인정하고 싶지 않을 것이다. 타인에게 무슨 말을 듣던지, 그것에 화를 낸 자신에게 원인이 있다고는 인정하고 싶지 않은 것이다.

평소에 '자신'을 관찰하는 습관을 가져야 한다. 자신을 바꾸고, 조절하는 것은 그럴 마음만 있으면 간단하다.

∞ 4 ∞

관찰 대상은
자신의 마음이다

 '질투도 화'이다. 질투의 경우는 질투하는 타인을 본 것만으로 자신은 냉정해질 가능성이 있다.
 예를 들어 아는 사람 중에 대단히 질투심이 많은 사람이 있는 경우, 질투는 그 사람을 통해서 관찰할 수 있다. 그리고 남의 일이기 때문에 편안하게 '역시 질투가 많으면 좋지 않구나.'라고 느끼는 정도만으로, 질투하지 않는 마음을 키울 수 있다.
 그러나 화는 그렇게 간단하게 없앨 수 있는 것이 아니다. 타인을 관찰하면 '타인이 나쁘니 내가 화를 내는 거잖아.'라고 하는 '자신은 올바르고, 타인이 잘못됐다.'고 하는 무서운 주관에도 빠질 수 있다. 그것은 화를 없애는 작업이 아니라 화를 정당화해서 마음속 깊이 뿌리내려 키우는 것이 된다. 그래서 어디까지나 자신의 속에 있는 화를 계속 관찰하기를 바란다.

그리고 '화를 관찰' 하는 것은 '화와 싸우지 마라.' 라는 말이다. '화를 없애야지.' 라고 생각해서는 안 된다. 화를 없애려고 하는 마음도 화이기 때문이다.

화는 지혜로 없어진다. 화는 이해함으로써 없어지는 것이지 싸워서 없어지는 것이 아니다. 싸우면 싸울수록 화의 불길은 더 맹렬히 타오른다. 화를 화로 대처하면 자신이 화염에 휩싸여 사라질 뿐이다.

5

화가 나면 멈춘다

화를 없애려 하지 마라. 화를 없애려 하면 오히려 화가 더 치솟는 경우도 있다. 그래서 오히려 멈춘다.

예를 들어 누군가와 이야기를 하고 있는데 자신도 모르게 화가 났다고 하자. 그때에는 '아, 화를 내버렸다. 잠깐만.' 이라고 자신의 마음에 적신호를 보이고 멈춘다. 그러면 순간적으로 끓어올랐던 화라면 2~3초 만에 사라진다.

이 '멈춘다.' 라고 하는 것은 이성을 바탕으로 한 행동이다.

사람은 모두, 화가 치밀어 오르면 무턱대고 행동적이 된다. 평소에는 행동적이지 않던 사람도, 게으른 사람도, 화가 나면 행동적이 되어버린다. 이것은 방사선에 노출되는 것보다 더 위험하다. 이 진리는 거의 알려져 있지 않기 때문에 '화가 나면 멈춘다.' 라고 알려줄 필요가 있다.

이처럼 화를 내버리면 자신과 싸울 필요도 없고 상대를 공격할 필요도 없다. 그대로 몸을 멈춰라. '화가 나면 멈춘다.' 라는 것은 가장 편한 방법이다.

만약 1분 동안 멈춰 있어도 여전히 화가 치밀어 오르면 호흡을 세는 것도 좋다. 천천히 '1, 2, 3, 4, 5'를 세면서 크게 숨을 들이마신다. 이어서 '1, 2, 3, 4, 5'를 헤아리면서 크게 내쉰다. 헤아림으로써 마음을 멈추기 때문에 10회 정도 반복하면 감정은 사라질 것이다. 그런 다음 다시 이야기를 계속하면 된다. 간단하게 말하면 '흥분되면 진정하라.' 라는 말이다. 다시 말해 '진정' 이라는 것은 '멈춰라.' 라는 것이다. 부디 화와 싸워서 그 화에 연료를 제공해서는 안 된다.

화를 내버리면 자신과 싸울 필요도 없고 상대를 공격할 필요도 없다. 그대로 몸을 멈추면 된다. '화가 나면 멈춘다.' 라는 것은 가장 편한 방법이다.

6

지름길은 지혜의 개발이다

사실을 말하자면 '지혜의 개발'이 화를 극복하는 지름길이다.

그러나 세상은 뒤죽박죽이기 때문에 '지혜의 개발이야말로 가장 어렵다.' 환각이나 고정관념이나 선입관과 같이 모든 망상 관념에 빠져 그것이 바르다고 생각하고 있다.

우리의 머릿속에는 화, 질투, 욕 등의 감정을 극복한 적도 없는, 세속적인 것을 높게 평가하는 사고로 가득 차 있다. 현상을 꿰뚫어본 적이 없는, 산다는 것이 어떤 것인지 발견한 적도 없는 사람들의 생각은, 세속의 현상은 그대로 사실이며 진리라는 전제하에 받아들인 것이다. 속세의 여러 가지 개념에 사로잡히는 것은 '신기루'가 '물'이라고 믿고 있는 것과 같다.

신기루를 '물'로 생각하고 누가 뭐라고 해도 사막을 달려가는 사람이 있다고 한다. 신기루의 구조를 알고 있는 사람이 그 사람을 보면 "그것은 빛의 굴절이지 물이 아닙니다."라고 가르쳐주고 싶을 것이다.

사막에서 신기루를 보고 '뛰어들기 위해' 달려가도 오로지 괴로움뿐이라는 것을 알기 때문이다.

달려도 달려도 신기루는 멀기만 하고, 그곳에는 물이 없다. 결국 불행에 빠지거나 죽음에 이른다.

신기루의 구조를 알고 있는 사람은 신기루에 뛰어들려고 하지 않는다. '꽤, 재미있군.' 하고 즐겁게 신기루를 관찰할 수 있는 사람이 된다.

또 하나, 지혜로운 사람은 어떤 일이 일어났을 때 현장에서 행동으로 보여주는 사람이기도 한다. 막상 어떤 일이 닥쳤을 때의 행동으로 지혜가 있는지 없는지 판단할 수 있다.

예를 들어 아이가 말을 잘 들을 때는 다정한 어머니가, 말을 듣지 않게 된 순간 격노한다면 그 어머니에게는 지혜가 없는 것이다. 아이가 실패했을 때야말로 진정으로 지혜롭고 다정한 어머니인지 아닌지를 알 수가 있다.

그래서 지혜를 키워야 한다. 지혜를 키우는 데 중요한 것은 '아는 체하지 않는다.' 이다. 자신의 마음에 대해서, 감정에 대해서, 화에 대해서, '나는 모른다. 그래서 배운다.' 라는 태도가 좋다.

『법구경』에 "나는 안다고 말하는 사람은 어리석은 사람으로 끝나며, 나는 모른다고 말하는 사람은 현자가 된다."라는 말이 있다. 어리석은 사람이 '나는 현자다.'라고 생각하고 있다면 마지막까지 어리석은 사람인 채로 남는다.

지혜를 키우는 데 중요한 것은 '아는 체하지 않는다.'이다. 자신의 마음에 대해서, 감정에 대해서, 화에 대해서, '나는 모른다. 그래서 배운다.'라는 태도를 가져야 한다.

∞ 7 ∞

가장 진지하게 '화'를 배운다

화를 극복하기 위해서는 먼저 화를 이해하는 것이 필요하다. 이해하기 위해서는 의학보다, 경제학보다, 물리학보다, 무엇보다 진지하게 '화'에 대해 공부할 필요가 있다. 그것은 자신의 인생에 빼놓을 수 없는 공부가 되기 때문이다.

의학이나 경제학이나 물리학 등을 배울 때 모두 필사적이지만, 그 지식이 인생에 불가결한 것이라고 단언할 수 없다. 하지만 그런 지식이 없어도 살아갈 수는 있다. 그러나 산다는 것은 마음의 움직임이다. 마음의 움직임을 전혀 모른 채 행복하게 살 수 있다고 생각하는 것은 운전을 배운 적이 없는 사람이 프로 운전기사처럼 운전할 수 있다고 생각하는 것과 마찬가지이다. 그런 사람이 운전을 하면 차가 제대로 가기는커녕 사고를 일으켜서 자신과 타인에게 피해를 줄 것이다.

우리는 산다는 것의 면허를 따지 않고 살아가고 있으므로, 당연히 많은 사고가 난다. 그것이 어떤 지식보다 진지하게 마음에 관한 진리를 배워야 하는 이유이다.

화를 극복하기 위해서는 먼저 화를 이해하는 것이 필요하다. 이해하기 위해서는 의학보다, 경제학보다, 물리학보다, 무엇보다 진지하게 '화'에 대해 공부할 필요가 있다.

∞ 8 ∞

형식적인 인사는
의미가 없다

우리는 자주 '감사합니다.' 라고 말하지만 자아의 포인트를 이해하지 않은 채, 그런 말을 들으면 실감이 나지 않는다.

그러나 '그런가. 모두 에고이스트구나.' 라고 올바르게 알면 '그래도 그렇게 말해 주는 게 고맙다.' 라고 자연스럽게 생각할 것이다.

항상 화를 내는 부모에게도 '나한테 신경을 써주고 있다. 사실은 자신의 일만 상관하는 에고이스트인데도.' 라는 식으로 생각하게 된다. 그런 이해 자체가 '감사' 이다.

자아를 이해하는 것이 자발적인 감사이므로, 형식뿐인 감사는 의미가 없다. 우리는 형식적인 감사를 좋아하지만, 자발적으로 감사하는 사람이 한 사람도 없으면 의미가 없을 것이다.

또한 보통 '겸허' 라는 말을 사용하지만, 사실 '겸허' 라는 말은 할 수 없는 것이다.

겸허의 반대인 '뽐내다.'라는 말은 '자아를 뽐내다.'라는 뜻이다. 따라서 올바른 겸허가 무엇인가 하면 '자아를 뽐내지 않는 것'이다. 그러나 모든 사람이 한 명도 빠짐없이 자아를 뽐내는 것이 이 세상 사람이다.

모두가 자아를 으스대고 있는데 왜 한 명의 사람만 겸허하지 않으면 안 되는 것인가? 그것은 이치에 맞지 않기 때문에 '겸허해지세요.'라는 말 자체가 기분 나쁜 것이다.

따라서 '자아는 착각이기 때문에 뽐내는 게 아니다.'라는 것이다. 그것을 분명하게 이해하는 것이 진정한 겸허이다.

자아를 이해하는 것이 자발적인 감사이므로, 형식뿐인 감사는 의미가 없다. 우리는 형식적인 감사를 좋아하지만, 자발적으로 감사하는 사람이 한 사람도 없으면 의미가 없을 것이다.

∞9∞

용서한다는 말은
위선이다

'용서한다.' 라는 말은 일반적으로 멋있다고 여겨서 사용하지만, 사실은 볼품없는 말이다. 그것을 이해하기 위해서는 먼저 '용서할 수 없다.' 라는 감정을 이해해야 한다.

'용서할 수 없다.' 는 '자신이 옳다.' 고 생각하는 사람들에게 생기는 감정이다.

무언가 원활하지 않은 일이 생기면 그것을 인정하고 싶지 않기 마련이다. 자신의 실패를 인정할 수 없는 경우는 '자신이 용서할 수 없다.' 라는 뜻이다, 근본적으로 자신이 옳은데, 왜 이런 일이 생긴 것인가 하고 생각한다. 이것이 '용서할 수 없다.' 라고 하는 감정이다. '용서한다.' 라는 말은 제일 먼저 '상대가 틀리다.' 라고 생각한다는 뜻이다. '그럼에도 용서한다.' 라고 하는 것이기 때문에 그것은 위선적인 용서이다. '어때?

난 멋있는 사람이지?', '당신은 내 돈을 몰래 훔쳤지만, 나는 용서해 주겠다. 나는 그런 사람이다.' 라는 것이다.

'용서한다', '용서하지 않는다.' 라는 말의 이상함을 이해하는 데에는 '무상'을 이해할 필요가 있다.

앞에서도 말했지만, 모든 것은 무상이다. 그리고 '무상' 이란 '불완전' 이라는 의미가 있다. 완전하다면 변하지 않지만, 불완전하다면 무엇이든 변한다. 그 상태로는 있을 수 없다는 것이다. 왜 만물은 무상이고 변하는가 하면, 만물은 불완전하기 때문이다. 불완전함으로 인해 변하지 않으면 안 되는 것이다.

언덕길에 놓아둔 유리구슬은 굴러내려 간다. 높은 곳에 있으면 불안정하고 완전하지 않기 때문에 안정된 곳까지 굴러가서 멈춘다.

밥도 '무상' 해서 소화가 된다. 배가 고프면 또 먹어야 하지만 음식은 절대로 몸에 쌓이지 않고, 나가버린다. 그래서 다시 음식을 먹어야 한다. 호흡을 하는 것도 불완전하기 때문에, 어떤 생명도 산다는 것이 '불완전' 하기 때문에 성립된다.

마음은 왜 망상 사고로 계속 회전하는가 하면, 무엇 하나도 완전하지 않기 때문에, 다음 생각으로, 다음 망상으로 이어진다.

변화무쌍한 것은 불완전하기 때문이며, 무언가 일어나도 그것은 불완전하다. 무엇이든, 만사는 '불완전' 한 것이 진정한 모습인데, 도대체 무엇을 '용서하는 것' 일까? 만일 '모든 생명은 불완전하다.' 라는 것을 알고 있다면 '용서한다.', '용서하지 않는다.'라는 말은 하지 않을 것이고, 마음은 치유되어 갈 것이다.

'용서한다.'라는 말은 제일 먼저 '상대가 틀리다.'라고 생각한다는 뜻이다. '그럼에도 용서한다.'라고 하는 것이기 때문에 그것은 위선적인 용서이다.

∞ 10 ∞

우리는
다른 생명의 덕분으로 살고 있다

살아 있는 것은 '자신 이외의 존재의 덕분'이다. 생명은 혼자서는 살 수 없게 되어 있다.

돌은 먹을 수 없지만 양배추는 먹을 수 있다. 양배추도 절반은 식물로 살아 있는 존재이다. 그러한 다른 생명의 덕분으로 우리는 살아가고 있다. 공기와 물 이외는 모두 살아 있는 존재이다. 약도 식물에서 추출하는 약은 부작용이 적지만, 화학적으로 합성한 물질은 몸에 위험하다.

생명이라는 존재는 혼자서 성립하는 것이 아니다. 태어나서 일주일 동안 살아 있다면, 일주일분은 '그들의 덕분'이다. 40년 동안 살아 있다면 얼마나 많은 다른 생명의 덕분인가? 다른 생명이 우리를 살 수 있게 해준 것이다.

'다른 생명의 덕분으로 살고 있다.'라는 점을 잊어서는 안 된다. 밥을 만들어준 사람에게 '너는 바보다, 기분 나빠, 나가, 죽여 버릴 테야.' 라는 말을 할 수 있는가?

너무나 쉽게 사람을 미워하는 우리는 사실 그런 짓을 하고 있기에 무서운 일이다.

살아 있는 것은 '자신 이외의 존재의 덕분'이다. 생명은 혼자서는 살 수 없게 되어 있다. 다른 생명의 덕분으로 살고 있다.' 라는 점을 잊어서는 안 된다.

∞ 11 ∞

지혜로운
평온한 마음

자신은 자아가 없다는 사실을 알게 되면, 자신의 어머니는 그것을 모르고 '가족을 위해' 노력하고 있다는 사실 등을 잘 알 수 있게 된다. '가족을 위해'라는 것은 사실 '나를 위해'이다. 그렇지만 '나는 정말 고생하고 있습니다.'라는 기분으로 노력한다. 그때 만일 아들이 '자아는 착각이다.'라는 사실을 알고 있다면, '아, 어머니는 자아 때문에 많이 괴로워하고 있구나.'라고 이해하고, '그렇게 필사적이지 않아도 될 텐데?'라고 친절하게 대할 수 있다. '내일 도시락은 어젯밤 먹다 남은 음식도 괜찮아요. 제가 차려서 가져갈 테니, 어머니는 푹 주무세요.'라고 말할 수도 있다.

멋있어 보이려고 하는 말이 아니다. 그런 진정한 도덕을 이해하길 바란다.

우리는 지혜가 나타나면 자아가 착각이며 자신은 무상으로 변화하는 존재라는 사실을 알게 된다. 그러면 '뭐야, 아무것도 고민할 필요가 없다.' 라는 이제껏 느낀 적이 없었던 안심감을 느끼게 된다.

'처음부터 걱정할 필요가 없다.' 라고 생각하고, 괴로움에 대해서도 그다지 신경을 쓰지 않지만, '괴로움이라는 것은 단지 무상에 대한 자신의 잘못된 반응이었다.' 는 사실을 알게 된다.

그것을 '지혜에서 생기는 한없는 기쁨' 이라고 하면, 안심할 수 있다. 단지 그것뿐, 뇌에서 엔도르핀 같은 물질을 분비해서 속이는 세상의 기쁨과는 다르다.

그리고 지혜를 키우는 가장 쉬운 방법은 석가가 가르친 진리를 이해하는 것이다.

석가는 '지혜의 개발' 과 동시에 '일체의 생명을 사랑하라.' 라는 두 개의 큰 가르침을 말씀했다. 결국 최종적으로 이 둘은 떼려야 뗄 수 없는 두 개의 축이 되었다. '화내지 않는 삶의 방식', '행복의 길' 에는 이 두 가지를 빼놓을 수 없다. 지혜와 자비가 있는 삶의 방식이야말로 진정으로 행복한 삶의 방식이라고 할 수 있다.

왜 일체의 생명에게 자애를 가져야 하는가 하면, 일체의 생명이 자신과 마찬가지로 진심으로 괴로워하고 있기 때문이다.

병자에게 화를 내는 사람은 없지만, 병자는 괴로워한다. 우리는 병자가 울거나 소리치거나 해도 '아, 괴롭구나.' 라고 생각할 뿐, '시끄러워, 잠자코 있어.' 라고 말하지는 않는다.

일체의 생명은 진심으로 괴로워하고 있어서 자애로 대하는 것은 당연한 일이다. 그러나 그렇게 하지 않는 것은 에고의 문제, 덧없는 환각의 문제이므로. 인간은 무서운 성격을 지니고 있는 것이다.

지혜와 자비가 있는 삶의 방식이야말로 진정으로 행복한 삶의 방식이라고 할 수 있다. 왜 일체의 생명에게 자애를 가져야 하는가 하면, 일체의 생명이 자신과 마찬가지로 진심으로 괴로워하고 있기 때문이다.

∞12∞

가장 무서운 벌
'무시하기'

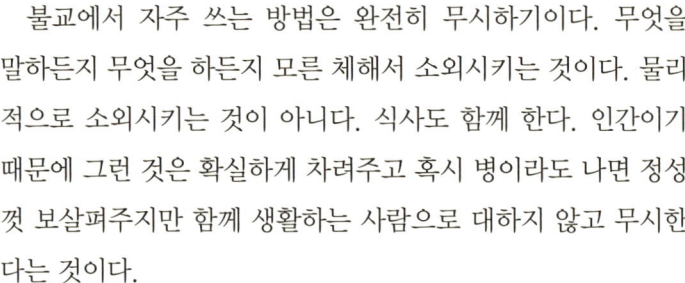

　불교에서 자주 쓰는 방법은 완전히 무시하기이다. 무엇을 말하든지 무엇을 하든지 모른 체해서 소외시키는 것이다. 물리적으로 소외시키는 것이 아니다. 식사도 함께 한다. 인간이기 때문에 그런 것은 확실하게 차려주고 혹시 병이라도 나면 정성껏 보살펴주지만 함께 생활하는 사람으로 대하지 않고 무시한다는 것이다.

　그 사람이 말을 해도 완전히 무시하고 '자, 다음 사람은 무슨 말입니까?' 하고 다른 사람의 의견을 듣는다. 그것은 아주 강력한 효과를 발휘한다. 자신의 존재를 무시당한 충격이란 보통 사람들에게는 참을 수 없는 일이다.

　무시의 벌을 받는 것은 도덕을 지키지 않는 사람, 모두의 규율과 조화를 지키지 않는 사람, 상대를 괴롭히는 일만 생각해서 제멋대로 행동하는 자기중심적인 사람이다. 무시하는 쪽은 그 사람에게 '마음껏 하고 싶은 대로 하라.'고 내버려두지만, 사회와의 조화를 지키지 않는 한 그 사람을 사회의 일원으로 대하는 것은 무리이므로, 함께 생활하지 않는 것으로 간주하는 것이다. 이 사람은 모두로부터 무시당하고 그 괴로움을 절실히 느끼게 된다. 이 무시하는 벌은 본인이 자신의 잘못된 방식을 고치고 사죄할 때까지 계속된다. 그러나 보통 사람이 하는 무시는 불교적인 무시라고 할 수 없다.

예를 들어 부부가 일주일간 말을 하지 않는 경우가 있다. 그때는 서로 괴로울 것이다. 왜냐하면 사실은 말을 하고 싶고 상대가 신경 쓰이기 때문이다.

이때 서로 '멋대로 해라.' 라는 상태이지만 말은 나누지 않아도 강한 감정의 교류가 있기 때문에 무시당하고 있다는 느낌이 들지 않는다. 일반적인 무시라는 것은 그 사람이 말하는 것을 무시하고 듣지 않는 것이지만, 무시하는 쪽은 마음속에서 여러 가지 감정이 소용돌이치고, 그것을 억누르고 있기 때문에 무시하는 게 아닌 것이다.

불교적인 무시는 부부가 서로를 무시하는, 이른바 부부싸움과 같은 것과 전혀 다르다. 그와 같은 감정적인 무시가 아닌 그 사람이 행동을 개선할 수 있는지 어떤지를 조용히 응시하면서 마치 상대가 그 자리에 없는 것처럼 행동하는 진정한 무시를 말한다. 그렇게 자신이 존재하지 않아도 전혀 관계가 없다는 식으로 개의치 않고 즐겁게 행동하는 것을 보면 상대는 대단히 고통스러워 한다.

무시하는 행동으로 인해 자신이 손해를 봐서는 안 된다.

'당신은 나에게 손해를 를 주었기에 나는 그것을 무시한다. 그래서 나는 행복하다.' 라는 것을 보여주는 것이다.

조금이라도 '말을 하지 않는 게 외롭다.' 라거나 '역시 말을 하는 편이 좋다.' 라고 생각하지 말아야 한다. 어느 한 편이 웃으면서 당당하고 즐겁게 생활하면 상대는 '역시 내가 잘못한 것일지도 모른다. 사과해야 한다.' 라고 다시 생각하게 된다.

불교적인 무시는 부부가 서로를 무시하는, 감정적인 무시가 아닌 그 사람이 행동을 개선할 수 있는지 어떤지를 조용히 응시하면서 마치 상대가 그 자리에 없는 것처럼 행동하는 것이다.

13

반성의 마음이 되지 않으면 잘못을 고칠 수가 없다

사회에 대해 심한 짓을 하는 사람이 있으면 우리가 화를 내지 않는 한 그 사람은 '무서운 사람은 아니다.'라는 식으로 계속 자신이 하고 싶은 대로 할 것이다. 이쪽이 화를 내면 '화나게 만들었다.'고 무서워져서 화를 억제하려고 하기 때문에 화를 내는 것이 어느 정도는 도움이 된다. 보통의 법률은 그런 논리 위에서 성립되어져 있다.

법률의 경우는 화를 내는 것이 아니라 벌을 주는 것이며, 사회인으로서의 자유를 일시적으로 제한하는 것이다. 모두들 상대가 화내는 게 무서워서, 벌로 자유를 제한당하는 게 무섭기 때문에 나쁜 짓을 하지 않도록 자신을 컨트롤해서 법률을 지키고 있는 것이다.

불교에서는 나쁜 짓을 하는 사람에게 화를 내는 발상은 없다.

그렇지만 '화를 내지 않으니까? 모두 자비심을 가지고 있기 때문에.'라고 생각해서 자신이 하고 싶은 대로 하는 사람에게는 적절한 벌을 준다.

이 에피소드의 경우 정해진 벌은 상대를 무시하는 것이다. '어디 혼자서 해보세요.'라고 그 사람을 완전히 무시해 버리는 것이다. 그것은 자비에 근거해서 상대의 성장을 기대하면서 행한다.

불교의 사람을 양성하는 방법은 '거울을 보여준다.'는 예로 설명되고 있다.

잘못을 범한 본인에게 객관적으로 자신을 관찰할 수 있도록 해주는 것이다.

잘못을 범한 사람은 '거울을 볼 것'을 명령받지만 출가 비구들은 모두 일상적으로 '거울을 보는' 자기 관찰을 해서 자신의 행동에 잘못이 있는지 조사를 한다. 자신이 한 일은 자신이 반성하지 않으면 의미가 없다. 반성의 마음이 되지 않으면 잘못을 고칠 수가 없다.

좋은 사람이 되고 싶다고 생각하는 사람들은 자신에게 얼마나 반성의 마음이 있는지 되짚어보는 게 바람직하다. 한 마디로 '화를 내지 않도록' 했을 때 무작정 '예, 알겠습니다.'라고 말하는 단순하고 허약한 성격이 되어서는 안 되기 때문이다.

법률의 경우는 화를 내는 것이 아니라 벌을 주는 것이다. 사회인으로서의 자유를 일시적으로 제한하는 것이다. 모두들 상대가 화내는 게 무서워서, 벌로 자유를 제한당하는 게 무섭기 때문에 나쁜 짓을 하지 않도록 자신을 컨트롤해서 법률을 지키고 있는 것이다.

∞14∞

냉정한
자아의 세계

　괴로움의 세계에서는 화밖에 나지 않는다.
　마이클 잭슨은 그토록 완성도 높은 톱 아티스트라고 해도 정신적으로 대단히 불안정하고 두려워서 자신을 지키는 것이 어려웠다. 누가 무슨 말을 할지 모르고, 재판까지 간 일도 있어서 개인의 인생으로 보면 슬픈 일이다.
　비록 마이클 잭슨이 목숨을 걸고 멋진 무대를 선보여도 보는 사람은 모두 자아·에고로 가득 차 있기 때문에 심한 말도 아무 거리낌 없이 했다. 한번은 자신의 아이를 팬서비스 차원에서 얼굴을 가린 채 보여준 적이 있었다. 팬은 기뻐했지만 '도대체 무슨 짓을 하는 거야. 머리가 이상한 거 아니야. 부모로서 자격이 있는 거야.' 라고 세상으로부터 모진 비난을 받았다.
　세상은 그렇게 훌륭한 아티스트에게도 경의를 표하지 않는 경우가 많았다. 어떤 때에는 화가 머리꼭대기까지 치밀어 오르는 말을 듣거나, 당하기도 했다.

그러나 직업상, 화가 나도 겉으로 드러내면 안 되었기 때문에 더욱더 괴로웠을 것이다. 정신적으로 불안정해져서 불면증에 걸려 약까지 먹어야 했다. 왜 그렇게 되었는가 하면 '화를 내면 안 된다.'고 하는 화 때문이었다.

예술가는 일반인처럼 화를 그대로 표현하지 않고, 상대의 적의에 대응하려고 한다. 그러나 그것이 본인에게는 너무 큰 괴로움이다. 자신에게도 에고가 있기 때문에 화를 표현하지 못하는 것에 화가 치밀어 오른다.

마이클 잭슨의 예에 국한되지 않고, 자신이 타인의 자아에 맞춰서 열심히 노력해도 상대가 자아뿐이기 때문에 되돌아오는 반응은 이상하다. 아주 사소한 일에도 적의를 보이고 아무것도 아닌 일인데도 비난을 한다.

아무런 선의도 없는 세계에서 우리는 살아가고 있다. 그런 환경에서 도대체 화를 내지 않고 살 수 있는 것인가?

누구나 자신에게도 에고가 있기 때문에 자아·에고로 가득 차 있는 사람들이 심한 말을 아무 거리낌 없이 하면 화를 표현하지 못하는 것에 화가 치밀어 오른다.

15

화를 내지 않는 사람만이
승리자가 될 수 있다

《법구경》에 다음과 같은 말이 있다.

'달리는 차를 제지하는 것처럼 끓어오르는 화를 참는 사람, 그를 우리는 '어자御者'라고 부른다. 다른 사람은 그저 고삐를 손에 잡고 있을 뿐이다.' 이것은 어떤 의미인가?

차는 고장 나면 움직이지 않기에 기술을 가지고 있는 솜씨 좋은 운전기사라면 어떻게든 고장 난 차라도 고쳐서 목적지까지 달리게 할 수 있지만, 보통 사람은 차에 이상이 생기면 그 시점부터 운전을 할 수가 없다.

석가 시대의 차라는 것은 마차뿐이다. 마차가 고장 난다는 것은 말이 날뛰고 바퀴가 부서지거나 고삐가 끊어지는 등의 일을 말한다. 능숙한 마부는 그 정도 일로 포기하지 않고, 목적지까지 간다.

기술적으로 매우 발전한 현대의 차로는 불가능할지도 모른다.

차가 고장 나면 비록 기술자라고 해도 고칠 수 없기 때문에 버릴 수밖에 없다. 차를 인생에 비교해서 생각해 보자. 자신의 마음에 화가 생겼다는 것은 인생이라는 마차가 고장 났다는 것이다. 화가 나도 화나는 대로 행동하면 인생은 위험하다. 화라는, 날뛰는 말이 하고 싶은 대로 내버려두는 것이 된다. 그래서 화가 난 순간 화를 지우려고 한다. 지울 수가 있다면 그 사람은 솜씨 좋은 마부이며, 인생의 주도자이자 승리자이다. 다시 말해 사람이 '화를 내면 패배고, 화를 내지 않는 사람은 승리자다.' 라는 의미이다.

진정한 영웅, 진정한 리더라는 것은 화를 없앤 사람이다. 화를 내고 '나는 위대하다.' 라고 말하는 사람이나 '너는 뭐야.' 라고 말하는 사람은 절대로 리더가 될 수 없다.

여기서 석가는 강조한다.

세상 사람들이 생각하는 것과 정반대의 것을 말하는 경우, 석가는 '내가 말합니다.' 라고 강조해서 말한다. 진리와 사실 등을 '내가 말합니다.' 라고 강조하지 않아도 객관적으로 조사하면 누구나 그 사실을 발견할 수 있지만 일부의 사물에 대해서 솔직하게 찬성할 수 없는 것도 있다.

예를 들어 '나쁜 일을 하는 사람에게 화를 내는 것은 당연하다.' 라는 것은 세상이 모두 인정하는 것이지만, 악인에 대해서 화를 내서는 안 된다는 것은 석가의 말이다. 솔직하게 찬성할 수 없는 말이다. 이와 같은 경우는 석가가 '내가 말합니다.' 라고 강조하는 것이다.

'당신은 납득할 수 없을지 모르지만, 사실은 그대로입니다.' 라는 뉘앙스이다. 이 경우는 세상의 잘못된 의견과 잘못된 석가의 의견, 깨달음을 얻은 사람의 의견, 바른 길, 진리, 납득이 가지 않아도 지키지 않으면 안 되는 규율과 같은 의미로 이해를 해야만 한다. '화를 내지 않는 사람이야말로 승리자이다.' 라는 말은 이와 같은 말이다.

화나 그 외의 감정을 제어하지 않고 감정대로 살고 있는 사람들은 인생이라는 마차의 고삐를 쥐고 있을 뿐이며, 아무런 운전 능력도 없는 것이다. 차의 핸들을 쥐고 있는 일이라면 아이라도 할 수 있지만 차를 운전하기 위해서는 면허증을 취득하지 않으면 안 된다. 화를 제어할 수 없는 사람은 석가의 말에 의하면 인생의 핸들을 그저 쥐고 있을 뿐인 사람이고, 반대로 화를 내지 않는 사람이 다른 사람의 고삐까지 쥐고 있는 것이 된다. 화를 내고 있는 사람은 화를 내지 않는 사람이 말하는 대로 행동하지 않으면 안 된다. 사람들을 붙잡고 있는 것은(사람을 리드하는 것은) 화를 내지 않는 사람인 것이다.

언제나 리더가 되는 것은 화를 내지 않는 사람이다. 정치의 세계에서도 서로 맞붙거나 비방하거나 하는 여러 가지 일이 있다. 그런 세계라도 살아남아서 장관이나 대통령이 되는 사람들은 무슨 말을 들어도 냉정하게 웃음을 잃지 않는다. 그래서 장관이나 대통령과 같은 위치에 이를 수 있는 것이다. 아주 사소한 일로 화를 내고 싸움을 하면 의원의 지위도 잃어버리게 된다. 진정한 리더는 절대로 화를 내지 않는다. 화내지 않는 사람이 모두의 고삐를 쥐고 있는 것이다.

화나 그 외의 감정을 제어하지 않고 감정대로 살고 있는 사람들은 인생이라는 마차의 고삐를 쥐고 있을 뿐이다.

∞16∞

화는
금방 전염된다

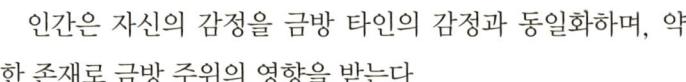

    인간은 자신의 감정을 금방 타인의 감정과 동일화하며, 약한 존재로 금방 주위의 영향을 받는다.

    예를 들어 아이가 무언가 가지고 싶은 것이 있지만 사주지 않자 엄마와 싸우고 서럽게 울고 있는 장면에서 무언가 한 마디 재미있는 말을 해주면, 아이는 아무 일도 없었다는 듯 울음을 멈추고 이내 웃는다. 그리고 자신이 울고 있었다는 사실도 잊어버린다. 그런 일은 아이뿐만 아니라 누구라도 있을 수 있는 일이다.

    만약 집에서 아내와 다퉜다면 바로 어딘가 둘이서 재미있게 보낼 수 있는 레스토랑이나 서점 또는 영화관에 가보자. 그러면 집에서는 심하게 화를 내고 있었는데 밖에 나간 순간 무슨 일이 있었냐는 듯 화가 싹 사라져버린다. 즉 우리의 감정은 언제라도 환경에 의해 커다란 영향을 받고 있다는 것이다.

　모두가 즐겁게 놀고 있는 곳에 심하게 화를 내고 있는 사람을 들여보내면, 어떤 일이 일어날까? 모두의 즐거움은 한순간에 사라져버릴 것이다.

　예를 들어 무도회장에서 젊은이들이 춤을 추고 있다고 가정해 보자. 그곳에 갑자기 조직폭력배가 들어와서 '야, 뭐 하고 있는 거야.'라고 호통을 치면 어떻게 되겠는가? 많은 사람의 기쁨이 한순간에 싹 사라져버릴 것이다.

　'화'에 대해 심각하게 생각한다면 이것을 확실하게 이해하길 바란다.

　　화를 낸 사람에게서는 강렬한 방사능과 같은 파동이 몸에서 나온다. 자신뿐만 아니라 사람들의 행복을 빼앗고 사회의 행복까지 파괴해 버린다.

∞17∞

화가
화를 부른다

화를 낼 때 우리는 순식간에 무지한 인간이 되어버린다. 화를 내면 낼수록 우리는 자신의 무지를 자극해서 점점 더 바보가 되어간다.

그럼 화를 내는 횟수가 늘어날수록 어떻게 되는가?

모두가 알고 있듯이 마음에는 무언가를 반복하면 그것을 믿어버리는 법칙이 있다.

'이건 좋다.', '이것은 좋다.'라는 정보가 계속해서 반복적으로 들어오면 모두가 '좋다.'라고 곧 믿어버린다. '이 음식은 맛있다, 맛있다.'라고 반복해서 듣고 그것을 먹으면 맛있게 느껴지는 것이다.

마음이라는 것은 같은 것을 반복해서 들으면 의외로 쉽게 그대로 믿어버린다. 그래서 인간은 계속해서 서로 암시를 걸거나 마인드 컨트롤을 해서 자신의 사정에 유리한 방향으로 사물을 진행시키려고 하는 것이다. 그 결과 터무니없는 세계를 만들어내기도 한다.

화도 똑같아서 화를 내는 횟수가 늘어날수록 그 사람은 화 그 자체가 되어버린다. 그것은 이미 인간이 아닌 단지 '고깃덩어리'가 움직이고 있는 상태이며, 고깃덩어리는 도깨비처럼 무서운 것이다. 한밤중에 혼자 있을 때 외눈에다 얼굴에서는 피가 흐르고 송곳니가 날카로운 도깨비가 나온다면 무서울 것이다. 보고 싶지 않지만 도깨비는 단순한 환영에 불과하다. 하지만 눈앞에 인간성을 상실한 화로 가득 찬 고깃덩어리가 활보하거나 말을 하고 있는 것은 정말로 무서운 일이다.

마음이라는 것은 같은 것을 반복해서 들으면 의외로 쉽게 그대로 믿어버린다. 그래서 인간은 계속해서 서로 암시를 걸거나 마인드 컨트롤을 해서 자신의 사정에 유리한 방향으로 사물을 진행시키려고 한다.

∞18∞

부서진 종과 같이 되어라

'부서진 종과 같이 되어라.' 라는 말이 있다.

종은 조금이라도 만지면 소리가 나지만, 우리는 종은커녕 아주 사소한 일에도 화를 내고 있다.

예를 들어 사람이 갑자기 자신의 앞을 지나가기만 해도 '뭐야, 저건.' 하고 화를 낸다. 이래서는 앞을 지나갈 때마다 지나간다는 말을 해야만 할 것이다. 그런 일은 그다지 나쁜 것은 아니지만 신경이 많이 쓰이는 일이다.

인간은 조금이라도 잘못을 하면 바로 화를 낸다. 인사 하나에서도 '말투가 이상하다. 좀 더 정중히 하라.' 고 말하기도 한다. 조금 만지기만 해도 소리가 나는 종과 같은 것이다.

그래서 석가는 '자신의 마음을 금이 간 종처럼 만들어 보라고.' 말하는 것이다.

종은 금이 가면 때려도 소리가 나지 않는다. 아무리 공격을 받아도 이쪽에서는 화의 소리가 나지 않는 것이다. 그것도 자아를 버리는 것과 같다.

인간은 조금이라도 잘못을 하면 바로 화를 낸다. 인사 하나에서도 '말투가 이상하다. 좀 더 정중히 하라.'고 말하기도 한다. 조금 만지기만 해도 큰 소리가 나는 종과 같은 것이다.

∞19∞

화의 원인이 없을 때는
누구라도 훌륭하다

'화는 진한 맹독이다.'라고 가르치는 유명한 일화가 있다.

한 스님의 이야기인데, 그 스님은 비구니들과 함께 지내며 꽤 사이가 좋았다. 출가는 독립하기 위해 하는 것이지만 서로 사이좋게 이야기를 하거나 사귀거나 친구를 만든다는 것은 인정하고 있지 않다. 게다가 출가하면 남성과 여성은 따로 행동해야만 한다. 그런데 그 스님은 너무나 사이좋게 지내고 있기 때문에 비판을 당하고 있었다.

그 스님은 화를 냈고, 비구니들도 '그렇게 좋은 사람에게 왜 이러쿵저러쿵 말들이 많은가?'라고 화를 냈다. 또 비구니들의 나쁜 점에 대해 다른 스님들이 뭐라고 하면 이번에는 그 스님이 화를 냈다.

그러자 스님들이 석가에게 보고를 했고 석가도 따끔하게 혼을 내며, 그 스님을 두고서 옛날이야기를 해주었다.

옛날에 사와티라는 마을에 어떤 돈 많은 여성이 살고 있었습니다. 그 집에는 그 여성 외에 하녀가 한 명 살고 있었습니다. 그 부자 여성은 '사람이 좋아서 화를 내지 않고 인내심이 있는 훌륭한 사람'으로, 대단히 유명할 뿐만 아니라 그녀가 조금이라도 화를 내는 것을 본 사람이 없었습니다. 그 집에서는 시끄러운 소리도 전혀 들리지 않았습니다.

하녀는 '내 주인은 아주 좋은 사람이다. 화내지 않는 사람이다. 마을에서도 다들 좋아한다. 하지만 정말로 좋은 사람일까. 어쩌면 내가 일을 잘하고 있기 때문에 화낼 기회가 없었던 것뿐일지도 모른다. 주인이 정말로 착한 사람인지 시험해 보자.' 하고 생각했습니다. 그리고 어느 날 일부러 늦잠을 잤습니다.

그 하녀는 몇십 년간 이 집에서 일하면서 한 번도 잘못을 한 적이 없었습니다. 항상 주인이 일어날 때쯤에는 아침식사 준비까지 모두 끝마쳐 놓았습니다. 그런데 그날은 주인이 일어났는데도 하녀는 아직 자고 있어서 아무 일도 하지 않았습니다. 그래서 주인은 하녀의 방으로 가서 '왜 넌 아직까지 자고 있는 것이냐.' 하고 물었습니다. 그때 하녀는 주인의 눈을 보았습니다. 눈을 보자 역시 화를 내고 있다는 것을 알게 되었습니다. 그리고 '아무것도 아닙니다.' 라고 말하고 침대에서 일어났습니다.

하녀는 '그렇군, 이 사람에게도 화가 있구나. 단지 나타낼 기회가 없었던 것뿐이다. 좋아, 내일도 시험해 보자.' 하고 그 다음 날도 늦잠을 잤습니다. 그러자 이번에는 엄한 말로 '일어나, 무엇을 하고 있는 거야. 왜 아직까지 자고 있는 거야.' 하고 화를 냈습니다. 하녀는 또 '아니요, 아무것도 아닙니다.' 하고 대답만 했을 뿐입니다.

하녀는 '두 번째 날은 화를 내고 말로 혼을 냈다. 자, 삼 일째도 시험해 보자.' 라고 그날도 늦잠을 잤습니다. 그러자 주인은 막대기를 들고 와서 하녀의 머리를 때렸습니다. 그 막대기는 밖에서 문을 열지 못하도록 사용하는 것이었기에 꽤 크고 무거웠습니다. 하녀는 머리가 깨져서 온몸이 피투성이가 되었습니다. 그렇지만 하녀는 아무 말도 하지 않고 밖으로 나와, 사와티 사람들 앞에서 '여러분은 제 주인을 좋고 훌륭한 사람이라고 말하지만 이걸 보세요. 저는 잠깐 늦잠을 잔 것뿐입니다. 그런데 이렇게 심한 짓을 했습니다.' 하고 말했습니다. 이 일로 사와티의 사람들은 '저 사람은 너무한다. 화를 내고 하녀를 괴롭히는 기분 나쁜 여자다.' 라고 했습니다. 그러자 주인의 명예는 한순간에 사라져버렸습니다.

이 일화로 석가가 무엇을 말하고 싶었는가 하면 '화내지 않는 원인이 없을 때는 누구라도 침착하고 훌륭하게 있을 수 있지만 그것은 진짜가 아니다.' 라는 것이다.

2~3주간 수행을 위해 절에 들어갔다고 하자. 그리고 수행을 끝내고 본인이 '마음이 좋아졌다.' 라고 생각해도 그것은 진

짜가 아니다. '좋아졌는지 아닌지는 사회에 돌아와서 확인해 보아라.'라는 것이다. 모두가 자신을 칭찬하고 있을 때 화내지 않는 것은 당연한 것이다. 그럴 때 '나는 화내지 않습니다.'라고 잘난 체하며 말하는 것은 놀랄 일이 아니다. 조건이 갖춰지면 바로 화를 내버릴지도 모르기 때문이다.

화를 내는 조건이 갖춰지지 않았을 때 화내지 않는 것은 그다지 칭찬받을 정도의 일이 아니다. 정말로 '화가 없다.'라는 것은 화를 낼 조건이 갖춰져 있어도 화를 내지 않는 것이다. 모두에게 비난받고 있을 때에도 웃을 수 있는 것이다.

화내지 않는 원인이 없을 때는 누구라도 침착하고 훌륭하게 있을 수 있다. 하지만 그것은 진짜가 아니다.

20

어떤 마음으로 혼나도 화내지 않기

사람이 사람을 혼을 내는 경우 여러 가지 방법이 있지만 그것을 석가는 다섯 가지로 나누고 있다.

첫 번째, '혼내야 할 때 혼내는 일도 있고, 혼을 안 낼 때에 혼내는 일도 있다.'

두 번째, '근거가 있어서 혼낼 때도 있고, 근거가 없어도 혼낼 때도 있다.'

세 번째, '부드러운 말로 혼낼 때도 있고, 가시 돋친 말로 혼낼 때도 있다.'

네 번째, '의미 있는 도움이 되는 말로 혼낼 때도 있고, 아무래도 좋은 쓸모없는 말로 혼낼 때도 있다.'

다섯 번째, '자비심을 가지고 혼낼 때도 있고, 단순히 화가

나서 혼낼 때도 있다.'

 사람의 말은 이처럼 다섯 가지로 나눌 수 있다. 사람이 자신에게 근거가 있어서 말을 하거나, 근거 없이 말을 해도 침착하게 있을 수 있는 것이다.
 위대한 마음을 가지도록 하라. 사람이 자신에게 자비심으로 이야기해도, 화를 내면서 이야기를 해도, 질투하면서 이야기해도 마음을 넓게 가져라. 그럴 때라도 침착할 수 있도록 살아보아라.
 그렇다면 이와 같은 마음은 어떻게 하면 가질 수 있는가?
 그것은 예를 들어 이런 것이다.
 사람이 지구에 화를 내며 곡괭이를 가지고 와서 '이놈의 지구, 곡괭이로 지구의 여기저기를 파버려야지. 마구 찍어서 이 지구를 구멍내버려야지. 없애버려야지.' 라고 지구를 괴롭힌다고 하자. 하지만 하찮은 인간이 곡괭이로 구멍을 낸다고 해서 지구를 괴롭히거나 파괴할 수는 없기 때문에, 다음과 같은 마음을 갖게 되는 것이다.
 '나는 지구와 같은 마음을 만들 것이다. 사람이 곡괭이로 구멍을 팠다고 해서 아무것도 움직이지 않는다. 지구와 같은 마음을 갖자.' 라고 자신에게 들려주는 것이다.
 다음의 예는 한 사람이 다양한 색의 그림 노구를 가지고 와서 하늘에 그림을 그리려고 하는 이야기이다.
 '하늘에 여러 가지 색으로 그림을 그려서 색칠하자. 좋아하는 대로 하늘에다 그림을 그려야지.'라고 생각하는 사람이 있다고 해도 하늘에 그림을 그릴 수 있을까? 그저 본인의 손만 더러워질 뿐이다.

이것을 반대로 생각하면 '남에게 어떤 말을 들어도 나는 하늘과 같은 마음으로 있어야지.'라고 정한 사람의 마음에는 누구도 그림을 그릴 수 없다는 것이다. 그 그림이라는 것은 화를 말하는 것이기 때문에, '타인이 부드러운 말로 이야기를 해도, 심한 말로 이야기를 해도, 위의 다섯 가지 중 어느 말로 말을 들어도 냉정을 잃지 않는' 인간을 지향해야 한다.

옛날에는 회중전등이라는 게 없었기 때문에 나뭇잎을 뭉쳐 불을 붙여서 횃불을가지고 다녔다. 사람이 그 작은 횃불을 가지고 갠지스 강에 가서 '갠지스 강의 물을 데워서 전부 없애버리자.'라고 생각해도 자신의 횃불을 갠지스 강에 갖다 대면 어떻게 되겠는가? 설마 갠지스 강의 물이 데워져서 증발할 일은 없을 것이다. 그저 횃불이 꺼질 뿐이다.

그래서 타인에게 무슨 말을 들었을 때 '나는 무슨 말을 들어도 갠지스 강과 같은 마음으로 대하겠다.'라는 식으로 침착하게 생각하는 것이 좋다.

사람이 자신에게 자비심으로 이야기를 해도, 화를 내면서 이야기를 해도, 질투하면서 이야기를 해도 마음을 넓게 가져야 한다.

∞ 21 ∞

위대한 사람일수록 겸허하다

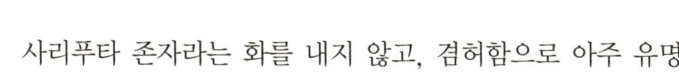

사리푸타 존자라는 화를 내지 않고, 겸허함으로 아주 유명한 승려가 있었다.

석가는 '자신의 오른팔'이라고 입버릇처럼 말씀했다. '여러분에게 확실하게 가르칠 수 있는 것은 부타인 나와 사리푸타 존자 중에 어느 쪽일까요?'라고 말할 정도로 그를 칭찬했다.

사리푸타 존자는 깊은 지혜와 훌륭한 지식을 가지고 있었음에도 누구보다도 겸허했다. 너무나 겸허하고 전혀 눈에 띄지 않아서 사람들은 '누가 그 위대한 사리푸타 존자입니까?' 하고 물어볼 정도였다.

하루는 한 바라몬의 사람이 사리푸타 존자가 '아주 성격이 좋은 사람이다.'라는 말을 같은 바라몬의 사람에게서 듣고 '뭐야, 단지 대머리일 뿐이잖아. 저런 대머리를 누가 좋아해.' 하고 험담을 했다. 바라몬교는 머리를 깎는 행위를 대단히 혐오스러워했다.

그 바라몬 사람은 '성격이 아주 좋다.'는 것에 대해서도 '그럼 정말로 그 사람이 위대한지 어떤지 확인해 보자. 어차피 사람이기 때문에 어딘가 결점이 있을 것이다.'라며 탁발에 나서는 사리푸타 존자를 뒤따라가 뒤에서 세게 때렸다.

사람은 아무런 이유도 없이 맞으면 어떤 반응을 보이기 마련이다. 그런데 사리푸타 존자는 뒤돌아보지도 않고 그대로 천천히 걸어갔다. 그는 때리고 나서 반응을 기다렸지만 아무런 반응이 없자 뒤따라가 보기로 했다. 그러나 사리푸타 존자는 보려고도 하지 않았다. 그래서 그는 '이런, 터무니없는 일을 했다. 이 사람은 맞았다는 것조차 신경을 쓰지 않는다. 역시 내가 한 일은 터무니없는 일이었다. 정말로 사리푸타 존자는 위대한 사람이다.'라는 생각에 무서워져서 온몸이 떨리기 시작하고 땀을 흘렸다.

그는 서둘러 사리푸타 존자의 앞으로 가서 무릎을 꿇고 '제가 몹쓸 짓을 했습니다. 부디 저를 용서해 주십시오.'라고 사죄를 했다.

사리푸타 존자는 '무슨 일 때문에 그러십니까?' 하고 그에게 물었다. 그 정도로 '맞았다.'는 일은 머릿속에 없었던 것이다. '아마도 그때 나를 때린 것은 이 사람이 아닌가?'라는 망상도 없었던 것 같다.

그러자 그는 '그조차도 이 사람의 머리에는 없구나.'라고 한층 더 무서워졌다. '저는 이런 나쁜 짓을 했습니다.' 라고 말하자 사리푸타 존자는 '아, 그렇군요. 알았습니다. 저는 전혀 신경 쓰지 않습니다. 용서해 드리겠습니다.' 라고 말했다.

결국 그 바라몬 사람은 그것이 인연이 되어 불교신자가 되었다.

이것은 우리에게는 불가능한 일이다. 완전한 깨달음을 얻은 아라한이 되었다는 것은 '실체=자아' 가 머릿속에 전혀 없다는 것이다. 순간의 무상함을 완전히 깨달은 지혜로 살고 있는 것이기 때문에 설사 맞았다고 해도 사리푸타 존자에게 그것은 한 순간, 물질이 물질에 접촉한 것일 뿐이다. 그래서 고통이 생겨도, 마음은 아픔을 느끼고 '앗, 아프다.' 라고 하는 것만으로 끝난 것이다.

'나는 아프다.' 혹은 '나는 맞았다.' 라고 하는 발상은 무의식중에도 없다. 그래서 그런 태도로 있을 수 있는 것이다.

우리도 쓸데없는 자존심은 버리고 겸허해지면 화를 내지 않게 된다.

어느 날 사리푸타 존자는 자신이 입고 있던 옷의 일부가 아주 조금 흐트러져 있었던 것을 몰랐다. 그것을 한 사미가 보고 승려의 옷 입는 법은 엄하게 정해져 있었기 때문에 '스님, 그 옷이 좀…….' 하고 말을 했다.

아주 사소한 일이었지만 그런 사소한 일이라도 가르쳐주었나고 해서 사리푸타 존자는 그곳에 앉아서 '아, 대단히 고맙습니다.' 라고 그 사미에게 감사의 말을 했다.

존자는 석가의 오른팔이다. 그에 비해 사미는 동자승이고 아직 승려도 아니었다. 존자에게도 사미에게도 전혀 자아가 없기 때문에 그럴 수가 있었다. 쓸데없는 자아가 없기 때문에 잘못을 발견하고 지적을 당해서 도움은 되었지만, 그뿐인 것이다.

우리에게는 아주 힘든 일이지만, 마음속에 새겨놓으면 좋을 것이다. 이에 비해 우리는 '나는 과장인데.' 또는 '나는 남편이니까.' 라며 화를 낸다. '감히 나한테 그런 말을 하다니 당신, 대체 뭐 하는 사람이야.' 또는 '건방진 소리를 한다.' 라는 태도를 보일 것이다. 대학에서도 1학년이 3학년이나 4학년에게 어떤 불만을 말하면 선배에게 보복을 당하기도 한다.

그런 것은 보기가 흉하다. 후배들은 노예취급을 당해도 아무런 말도 할 수 없는 것이다. 선배들에게 혼이 나거나 맞거나 바보취급당하거나 심부름을 시켜도 묵묵히 선배들의 속옷까지 빨기도 한다. 만약 후배가 무언가 의견을 얘기하면 '건방진 소리 하지 마라.' 라고 크게 화를 내기도 한다. 하지만 그렇다고 해서 마음이 즐거운 것인가? 그다지 즐겁지 않을 뿐더러 선배와 후배라는 입장상의 문제로 모두 고통을 맛보고 있을 것이다.

그래서 정말로 위대한 사람은 상대에게 '건방진 소리 하지 마라.' 라고 말하지 않는다. 자신이 잘못을 지적당하면 '예, 알았습니다. 제가 잘못했습니다.' 라고 말할 뿐이다. 만약 어린 아이가 말했다고 해도 칭찬해 준다.

학생이 선생님에게 '이런 점이 잘못되었다.'라고 말하면 '내 입장은 어떻게 되는가?' 또는 '내 체면은 뭐가 되나.'라고 생각하는 선생님은 처음부터 학생을 가르칠 자격이 없는 사람이다. '체면'이라는 말을 사용하는 사람에게는 배울 것이 없다.
 학생에게 '이것은 잘못입니다.'라는 말을 들으면 '아, 정말로 그렇군요. 학생은 잘 알고 있군요.' 하고 그 학생을 칭찬해 주는 그런 사람이 훌륭한 사람이다.

정말 위대한 사람은 상대에게 '건방진 소리 하지 마라.'라고 말하지 않는다. 자신이 잘못을 지적당하면 '예, 알았습니다. 제 잘못입니다.'라고 말할 뿐이다.

∞ 22 ∞

아인슈타인의 겸허함

아인슈타인이 살고 있던 장소를 대학 연구소 사람 외에는 아무도 몰랐다고 한다. 그러나 우연히 한 초등학교의 선생님이 알게 되었다. 그리고 어느 날 자신의 반에 있는 수학을 못 하는 여자아이에게 '어째서 넌 공부를 하지 않니. 네 이웃에 수학을 잘하는 사람이 살고 있는데.' 라고 말했다.

아이는 물론 그것이 누구를 말하는 것인지 몰랐다. 그래서 '그렇군, 옆집 아저씨에게 물어서 숙제를 하면 된다.' 라고 생각하고 옆집으로 찾아갔다.

문을 열자 작은 여자아이가 서 있는 것을 본 아인슈타인은 '어서 들어오렴.' 하고 집에 들어오게 했다.

그러자 '할아버지, 담임 선생님이 할아버지가 수학을 잘하신다고 말씀하셨어요. 이것 좀 가르쳐주세요.' 라고 부탁을 했다. 아인슈타인은 아주 바빴고 이미 미국의 보물 같은 존재였지만, 아이가 물어보는 것을 모두 가르쳐주었다.

며칠이 지나고 여자아이의 수학 실력이 늘자 선생님은 신기해서 '수학이 많이 늘었구나.'라고 칭찬해 주었다. 그러자 그 아이는 '선생님이 말씀하셨잖아요. 그 할아버지가 가르쳐주셨어요.'라고 말하는 것이었다.

그 말을 들은 선생님은 깜짝 놀랐다. 그리고 아이의 부모님에게 '큰일 났습니다. 저는 그런 뜻으로 말한 게 아닙니다. 그저 옆집에 아인슈타인 박사가 살고 계신 것을 알고 있다고 말하고 싶었을 뿐이었습니다.'라고 말했다. 곤란해진 선생님과 부모님은 아인슈타인 박사 집에 사죄하러 갔다. 그런데 아인슈타인은 '아니요, 괜찮습니다. 저는 아무것도 가르쳐준 게 없습니다. 반대로 여러 가지를 배웠습니다. 배운 건 제 쪽입니다.'라고 말했다고 한다.

역시 위대한 사람은 인간적이다. 상대성이론을 발견한 사람인만큼 초등학교 아이와는 비교할 수 없을 정도로 지혜가 있을 것이다. 그런데 '여러 가지를 배웠다.'라고 말하는 것을 보면 정말로 겸허한 사람이다.

아인슈타인이 거짓말을 하지는 않았을 테고, 인간적으로 성숙한 사람이기 때문에 아이에게도 여러 가지를 배울 수가 있는 것이다.

인간적으로 성숙하지 못하면 '뭐야, 초등학생이잖아. 바쁘니까 오지 마라.' 하고 거만한 태도를 보였을 것이다. 그런 사람에게 배울 게 있는가?

　이런 겸허한 태도를 배우는 것으로 우리도 화를 치유할 수가 있다. 따라서 '훌륭한 사람이 되자. 존경받는 사람이 되자. 관대한 성격을 배양하자. 그렇게 되지 못한다 해도 흉내라도 내보면 좋아질 수 있을 것이다.' 라는 생각으로 도전해 보는 것은 어떤가?

겸허한 태도를 배우는 것만으로도 우리는 화를 다스릴 수가 있다.

∞ 23 ∞

화내는 사람은
동물보다 못하다

화를 내는 사람이 되는 것은 이미 인간이기를 포기한 것이다. 그 뒤에는 아무런 성장이나 발전을 기대할 수 없다. 생명체의 수준에 빗댄다면 동물보다 훨씬 아래이다.

왜 그런지를 설명해 보겠다.

동물은 줄곧 서로의 기분을 가늠하면서 공동생활을 하고 있기에, 동물의 세계에서는 제멋대로 행동할 수 없다. 상대의 기분을 항상 민감하게 헤아리지 못하면 생존할 수가 없다. 동물도 화를 내지만 인간의 화와는 다르다.

예를 들어 개들이 서로 화를 내는 것은 개의 세계의 도덕을 어겼기 때문이지 다른 이유로 화를 낸 것이 아니다.

원숭이의 세계에서도 마찬가지이다. 규율을 어기면 몰매를 당하거나 죽임을 당할 정도로 물리기도 한다. 죽지는 않지만 운이 나쁘게 깊은 상처를 입으면 죽을 가능성도 있다.

그렇게 자신의 생명에 직결되는 만큼 동물은 항상 서로 배려하고 서로의 기분을 가능하면 이해하려고 신경 쓰며 생활하고 있다. 그래서 화를 내는 사람은 동물의 수준보다 훨씬 밑에 있다는 것이다.

이기심을 버리고 화를 내지 않는 사람은 예외 없이 진정한 행복을 얻을 수 있다.

화를 내는 사람이 되는 것은 이미 인간이기를 포기한 것이다. 그 뒤에는 아무런 성장이나 발전을 기대할 수 없다.

4장
화를 다스리는 법

화를 다스리는 방법은 바로 자신의 마음을 보는 것이다.
마음을 보는 것으로 화는 바로 사라진다.
단지 '자신을 직시하면' 된다는 것을
분명하게 기억해 두어야 한다.

∞ | ∞

자신의 마음에 있는 '화'를 자각해야 한다

몇 번이나 말한 것처럼 인간은 화를 내지 않는 게 좋다. 정말로 좋은 것은 화내지 않는 방법을 찾는 것이 아니라 단지 화를 내지 않는 것이다.

사람을 죽이거나 때리거나 비판하는 모든 무서운 것이, 이 세상에서 일어나는 것은 그 사람이 화를 내고 있을 때에 제한되어 있다.

세계를 잘 보아라.

누구나가 크게 화가 나서 사람을 죽이고, 사람을 모욕하거나 비판하고 있는 것이다. 나라들 간에도 전쟁을 하고 있지 않는가?

거짓말이나 농담을 하고 있는 것이 아니다. 화를 내고 있을 때에는 그 사람은 단지 도깨비나 귀신이지 인간이 아니다. 당신도 '저 사람은 화가 나면 도깨비와 같다.'라고 종종 말하고 있을 것이다.

한 번이라도 그 정도로 무서운 것이기 때문에 횟수를 거듭해서는 안 된다. 화의 횟수를 거듭하는 것만큼 무서운 것은 없다. '설사 조금이라도 화내는 것은 아주 무서운 것이다.'라고 자신에게 타일러라.

만약 화를 내버렸으면 곧 '앗, 나는 밑바닥으로 떨어졌다. 여기에 있어서는 안 된다.'라고 어서 빨리 깨닫고 인간의 차원으로 되돌아오도록 해야만 한다.

동물 이하의 무지한 생물은 되고 싶지 않을 것이다. 그렇다면 '화를 내는 것은 무지한 사람이다.', '화내는 것은 인간성을 버리는 것이다.'라는 것을 이해해 주어라.

'화를 내고 있는 자신에게는 이해력도 합리성도 객관성도 아무것도 없다.'라는 것을 마음속에 명심하라. 그것이 가능해지게 되면 더는 화를 내지 않는다. 노력해서 화를 억제하는 것이 아니다. 자신의 마음의 화를 자각했다면 화를 내지 않게 되어버리는 것이다. 반드시 도전해 보아라.

'설사 조금이라도 화내는 것은 아주 무서운 것이다.'리고 자신에게 타일러야 한다. 만약 화를 내버렸으면 곧 '앗, 나는 밑바닥으로 떨어졌다. 여기에 있어서는 안 된다.'라고 어서 빨리 깨닫고 인간의 차원으로 되돌아오도록 해야만 한다.

∞ 2 ∞

화를 '억제하고', '인내하는' 것은 잘못이다

　화를 내는 사람은 화가 인격 그 자체가 되어버린 것이다. 지혜도 지식도 이해능력도 없다. 화를 내고 있는 사람은 항상 어리석은 사람이지만 화는 억제하면 없어지는 것이 아니다.
　'화를 억제하거나 인내한다.' 라는 그런 말을 자주 듣지만 그런 일로 화는 사라지지 않는다. 화가 생긴 경우는 본인의 속에 있기 때문에 인내하려고 이를 악물어봤자 내면의 화는 그대로이다. '화가 나면 인내한다.' 라고 하면 죽을 때까지 계속 인내하지 않으면 안 된다.
　이런 경우 서양적인 사고방식에서는 '스트레스는 발산하라.' 라는 식으로 권한다. 화를 폭발시켜 가스가 새듯이 하려는 발상이지만 이 세상에서 이것만큼 위험한 것은 없다. '발산하면 속이 시원하다.' 라는 것은 화 등의 감정을 정당화하고 원인을 보지 않고 속이려는 사고방식이다. 이 생각에 따르면 '또 화를 내면, 또 발산하면 된다.'라는 것이 되므로, 근본적인 해결은 전혀 아니다. 그리고 화의 발산은 세상에 폐가되기 때문에 칭찬할 만한 일이 아니다.

　알기 쉬운 예를 들어보겠다.

　당신이 발에 상처를 입어 몹시 아프고 곤란해졌다고 하자. 그곳에 누군가가 와서 '발에 상처를 입어서 아프죠? 내가 그 고통을 느끼지 않도록 해드릴까요?'라고 제안했을 때 '예, 부탁드립니다.'라고 대답하면, 그 사람이 야구 배트를 가지고 와서 당신의 발을 힘껏 내리치는 것이다. 그럼 무릎은 부러지고 별이 보일 만큼 아프지만 덕분에 원래 상처가 난 발의 고통은 느낄 수 없게 된다. 분명히 그 사람이 말한 대로는 되었다. 하지만 '아직 상처가 아픕니까?'라고 다시 물으면 그 부분은 이제 아프지 않지만 무릎의 뼈는 부러지고 다른 심한 고통이 생긴다.

　스트레스 발산의 원리는 그것과 같은 것으로 작은 고통을 큰 고통으로 대체하고 있을 뿐이다.

발산하면 속이 시원하다고 하는 것은 화 등의 감정을 정당화하고 원인을 보지 않고 속이려는 사고방식이다.

∞ 3 ∞

화를 다스리는 방법은
바로 자신의 마음을 보는 것이다

화는 자신의 속에서 생기는 것이어서 해결방법은 '독 그 자체'를 빼내는 것 외에 방법이 없다. 세상에서 가장 과학적인 화의 독을 빼내는 방법은 오직 '지금의 순간 자신을 깨닫는 것'이다.

따라서 화가 생기면 '아, 화다. 화다. 이것은 화의 감정이다.'라고 곧 자신을 직시하며, 화를 관찰하고 공부해 주어라. '지금 이 순간, 나는 기분이 나쁘다. 이것은 화의 감정이다.'라는 것은 지금 나는 화를 내고 있다.'라고, 밖을 향한 자신의 눈을 지금 곧 내면으로 향하게 하라.

처음에는 누군가 무슨 말을 하면 곧 화를 내버리는 것은 어쩔 수가 없겠지만 언제까지나 타인의 말에 휘둘리지 말고 화를 낸 순간에 '이것은 화다. 화다.'라고 직시하라. 그러면 화는 생긴 그 순간에 사라져버리며 마음은 다음 순간을 느끼려고 할 것이다. 화가 사라지면 곧 기분이 좋아진다.

예를 들어 머리가 아플 때 진통제를 복용하면 아픔은 사라지고 안개가 걷힌 듯이 기분이 좋아지는 것과 마찬가지로 화가 사라지면 곧바로 기분이 좋아지고 상쾌해질 것이다. 바로 행복을 느낄 수가 있을 것이다.

거기까지 이르면 자신에게도 자신이 생기고 '아, 화가 사라졌다. 나도 자기 컨트롤을 잘할 수 있다.'라고 자신을 칭찬할 수가 있다. 그렇게 되면 언제라도 화의 감정에 고통받는 일 없이 온화하게 남의 말을 들을 수 있다.

화를 다스리는 방법은 바로 자신의 마음을 보는 것이다. 마음을 보는 것으로 화는 바로 사라지므로, 여러 가지 방법을 시도하지 않아도 괜찮다. 간단하고 짧은 순간에 할 수 있는 일이다. 심리학의 지식도 카운슬링도 전혀 필요가 없다. 가장 중요한 것은 '자신을 직시하는' 단지 그것뿐이라는 것을 분명하게 기억해 두어라.

불교에서는 '지금의 자신을 깨닫지 못하는 사람'을 가리켜 '어리석은 사람', '죽은 사람', '잠을 자는 사람'이라는 의미의 말로 부르고 있다. 화를 낸 그 순간에 자신의 화를 깨닫지 못하는 사람은 화의 화신이 된다. 그리고 한바탕 화를 낸 후에 '아, 화가 났나.'라고 사신이 화를 내고 있는 것을 자각한다. 심할 때에는 3년이 지나도 '그때는 화가 났다.'라고 떠올리며 다시 화를 내고 그때마다 자신을 몇 번이고 파괴하게 된다.

화를 다스리는 방법은 바로 자신의 마음을 보는 것이다. 마음을 보는 것으로 화는 바로 사라진다. 단지 '자신을 직시하면' 된다는 것을 분명하게 기억해 두어야 한다.

∞ 4 ∞

화를 내는 사람은
패배자 이외에 아무것도 아니다

 화를 내면 이미 그 순간 행복은 위험에 직면하게 된다. 1초라도 빨리 화의 불꽃을 끄지 않으면 안 된다.
 여기에서는 화를 다스리는 방법에 대해서 될 수 있으면 구체적으로 이야기하겠지만 그전에 중요한 포인트를 확인해 두겠다.
 그것은 '화내는 것은 패배자다.' 라는 것이다. 자신에게 전혀 자신이 없고 사회에서 당당하게 가슴을 펴고 살고 있지 못하는 사람이다. 무엇이든 무서워하는 겁쟁이거나 나약한 성격인 것이다.
 자신이 빈 깡통이라는 것이 알려지는 게 두려워서 모두에게 무서운 얼굴을 하고 가까이 오지 못하게 요란하게 짖어대고 있을 뿐이다. 허세를 부리고 있는 것이다.

회사에서 높은 지위에 있으면서도 부하를 심하게 꾸짖거나 소리치는 사람이 있다.

그것은 속이 텅 빈 허울뿐인 사람으로 인격 따위는 없다. 아주 머리가 나쁘기 때문에 화를 내는 것이다. 물론 절대 제대로 된 리더도 아니다. 먼저 '화를 내는 사람은 패배자 이외에 아무것도 아니다.' 라는 것을 기억해 두어라.

성격적으로 화를 내는 사람은 인간 중에서도 최악이다. 아무것도 할 수 없는 패배자이다.

동물세계를 보아도 이것을 잘 알 수 있다. 약한 동물은 이내 화를 낸다. 인간을 향해 자주 공격하는 것은 작고 약한 동물이 많다. 반대로 당당한 동물일수록 화를 내지 않는다.

숲속에서 가장 큰 동물은 코끼리이다. 왕과 같은 당당한 모습으로 이쪽저쪽을 다니며 나뭇가지나 풀 또는 나뭇잎을 따서 먹지만, 코끼리는 풀이나 나뭇잎을 따면 그것을 힘차게 휘두른다. 그러면 흙이나 벌레가 모두 떨어져나가 깨끗해져서, 모르고 벌레를 함께 먹어서 죽이는 일도 없다. 그 정도로 누구에게도 폐를 끼치지 않는 생활을 하고 있다.

사슴은 호랑이가 호수에서 물을 먹고 있으면 호수에 근접하지 않고 숨어 있는다. 하지만 코끼리는 물을 마시려고 생각하면 호랑이가 있든 사자가 있든 관계없이 호수에 들어간다. 코끼리는 호랑이나 사자가 두려워할 만큼 강하기 때문이다.

사람의 말을 전혀 듣지 않는 동물은 코뿔소이다.

인도에서는 코뿔소를 돌보는 데 코끼리를 이용한다. 사람만으로는 다가갈 수 없기 때문에 코끼리를 타고 가는 것이다. 사람이 말하는 것을 듣지 않는 코뿔소도 상대가 코끼리라면 달라진다. 코끼리는 코뿔소를 밟거나 하지 않지만 코뿔소는 '저 녀석에게 밟히면 위험하다.' 라고 생각하고 스스로 피한다.

성격적으로 화를 내는 사람은 인간 중에서도 최악이다. 아무것도 할 수 없는 패배자다. 동물세계를 보아도 이것을 잘 알 수 있다. 약한 동물일수록 화를 잘 낸다.

∞ 5 ∞

패배의식 어머니를 가진 아이의 불행

　패배자는 예외 없이 항상 화를 낸다. 그래서 한눈에 알 수 있다.
　예를 들어 패배의식에 빠진 어머니는 아이를 돌볼 자신이 없다. 그런 모자의 경우 아이가 울거나 하면 이내 어머니는 감정적으로 화를 낸다. 어머니는 화를 내면서도 '화를 내서는 안 된다. 아이를 어떻게 해서든 달래지 않으면 안 된다.'라고 무리하게 스스로에게 말하고 '자신의 아이이기 때문에 귀엽다.'라고 생각하지만 화라는 것에 대해 이해하지 못하고 있기 때문에 잘되지 않는다.
　그래서 스트레스가 쌓이고 신경질적으로 되어서 점점 더 히스테릭하게 되어간다. 결국 그것이 폭발하면 병적으로 변해서 자신의 아이를 죽이려고 하는 경우조차 있다. 애정이 없는 것이 아니다.

　반대로 자신이 있는 어머니는 아이가 아무리 한밤중에 울거나 장난을 쳐도 화를 내지 않고 그것을 능숙하게 컨트롤한다. '이 녀석, 뭐 하는 거야.' 라고 아이에게 소리쳐도 그것은 겉으로만 그러는 것이지 감정적으로 화를 내고 있는 것이 아니다. 그래서 이치에 맞는 명령도 내릴 수 있다. 아이의 자존심이나 입장을 이성적으로 배려하고 상처입지 않도록 해준다. 그런 어머니는 바르게 아이를 키울 수가 있는 것이다.

화라는 것에 대해 이해하지 못하고 있기 때문에 스트레스가 쌓이고 신경질적으로 되어서 점점 더 히스테릭하게 되어간다.

6

진실한 애정과 자신감이 있으면 말이 통한다

정말로 애정이 있고 화가 없으면 인간은 왕과 같은 기분으로 살 수가 있다. 누군가 나쁜 짓을 하고 있으면 '그건 나쁜 일이니까 그만두세요.'라고 말하는 것만으로 끝낼 수 있다.

화를 내지 않는 사람은 자신감이 있고 침착하게 있을 수 있어서 화를 내고 있는 사람을 상대로 감정싸움을 하지 않는다. 이성적으로 배려심이 있으면 상대의 입장에 서서 조언할 수 있다. 그러면 화를 내고 있는 사람도 자존심에 상처받는 일없이 빼어든 칼을 칼집에 집어넣을 수 있다.

자신의 말이 통하지 않을 때를 떠올려 보아라. 그럴 때는 자신의 마음속에 애정도 자신감도 없지 않았는가? 그래서 반복해서 몇 번이나 같은 말을 하는 것이다. 그래서는 아무리 말해도 상대는 말을 듣지 않는다.

반대로 '그건 좋지 않으니 그만두세요.'라고 말했을 때 상대가 바로 들어준다면 말한 사람은 자신감이 생기고, 옳은 말을 하고 있는 것이다.

이것은 회사 등에서도 자주 볼 수 있는 일이다.

자신감은 없는데 자신의 말을 듣기를 바라는 사람이 많기에 세상은 엉망진창이 되는 것이다.

패배자의 말이 통하는 경우는 없지만 그것이 마음에 들지 않기 때문에 또 화를 낸다. 그래서 세상이 비참한 것은 당연한 것이다.

화를 내지 않는 사람은 자신감이 있고 침착하게 있을 수 있어서 화를 내고 있는 사람을 상대로 감정싸움을 하지는 않는다.

∞ 7 ∞

생명의 권리는
모두 평등하다

생명의 권리는 모두 평등하다. 몸의 형태에 따라 삶의 방식이 바뀐 것뿐이다.

이 생명의 평등이라는 것을 정확하게 이해하면 화를 내지 않게 된다.

바퀴벌레는 부엌에 숨어서 살고 있다. 집에서 기르고 있는 고양이는 자신만의 먹이를 받아서 먹는다. 쥐는 모두가 잠이 든 후에 나와서 음식찌꺼기를 먹는다. 하지만 그것은 그러한 '몸'이기 때문이라고밖에 말할 수 없다.

인간은 숨지 않고 당당하게 생활하고 있지만 몸에 그 정도의 차이가 있다는 것뿐이지 그것이 위대한 것은 아니다. 생명은 모두 똑같다.

그래서 우리에게는 타인에게 화를 낼 권리가 전혀 없다. 화를 낸다는 것은 '평등'의 의미를 모르고 있다는 승거이다.

　모든 생명은 각자 고통과 괴로움이 있어서 그것은 평등하다. 누구의 고통이 특별히 중요하지는 않다. 그 괴로움이 서로 충돌한다면 어느 쪽도 '내가 바르다.'라고 말할 뿐, 절충의 여지가 없기 때문에 어느 쪽도 살아갈 수 없게 된다.

　'내 고민은 내 고민, 상대편의 고민은 상대의 고민이다.'라는 식으로 평등의 마음을 갖게 된다면 자아는 점점 사라지고 화를 내려고 해도 없어진다.

　설사 상대가 자신의 아이라고 해도 화를 내는 것은 '평등하다.'라고 생각하고 있지 않기 때문이다. 아이들을 가르치는 선생님도 마찬가지이다. 제자들에게 '제자이기 때문에.'라고 화를 내는 것은 좋지 않은 일이다. 같은 인간이라도 본질은 다르기 때문에 멋대로 화를 낼 권리는 없다.

　학교의 선생님과 학생들도 평등하고, 교장과 선생도 평등하기 때문에 나쁜 행동에 주의하는 것은 옳아도 서로 타인에게 화를 낼 권리는 없다.

　만약 자신이 나쁘지도 않은데 연장자가 화를 낸다면 '잠깐 동안 내버려두자.'라고 생각하라.

　또 자신보다 나이가 적거나 밑의 사람에게는 '모두 같은 인간이니 서로 이야기를 해서 문제를 해결하자.'라는 태도로 대한다.

　'평등'이라는 개념은 이와 같이 사용하면 정말로 멋진 것이다.

우리에게는 타인에게 화를 낼 권리가 전혀 없다. 화를 낸다는
것은 '평등'의 의미를 모르고 있다는 증거이다.

∞ 8 ∞

삶의 보람

평소에 우리는 마음속에 무언가 의지할 곳이 있어서 '이것이 나의 행복이다.'라고 생각하고 있다. '이것이 있는 한 행복하다.'라고 생각하는 것이다.

'맛있는 음식을 먹을 수 있는 행복', '아이는 나의 보물', '해외여행을 가고 싶어서 열심히 일한다.'라는 '삶의 보람'으로 삼고 있는 것이 있어서 '그것이 있으면 행복하다.'라는 태도로 살고 있다.

그러면 그 무언가가 사라지면 어떻게 되는가? 이번에는 반대로 깊은 불행을 느끼게 되는 것이다.

'아이를 키우는 게 삶의 보람'이라며 열심히 노력하는 여성이 있다. 그 여사의 아이가 어느새 성장해서 결혼을 하고 독립하면 여자는 삶의 이유를 잃어버리고 외로워져서 극심한 불행을 느끼게 된다. 그리고 나중에는 화만 남는다. '내가 지금까지 키웠는데 힘들지만 좋은 것만 해주었는데 아이는 나를 보고 싶어 하지도 않는다.'라고 불만을 말하기 시작한다. 그러면 어떻게 되는가?

그 사람은 독립한 아이를 괴롭히고 아이의 아내를 괴롭히고 다른 사람들과 충돌하면서 모두가 '꺼리는 사람'이 되어버린다. 몸도 점점 나빠지고 큰 불행을 맛보게 된다.

회사원도 마찬가지이다.

'일이 삶의 보람이다.'라고 생각하면 은퇴 후 할 일이 없어지게 된다. 그것이 걱정되어서 어느새 병에 걸려 죽음에 이르게 된다.

이렇게 되지 않기 위해서는 무슨 일이 있어도 거절하지 말고 상황을 받아들이며 즐겨야 한다. 즉 일이 있다면 일을 즐기고, 은퇴하면 노후를 즐긴다. 손자가 오면 손자와 즐겁게 놀아주면 된다.

'이게 내 삶의 보람이다.'라고 집착할 필요는 없다. 그런 것은 자신이 마음대로 정한 것이기 때문에 마음가짐에 따라 달라질 수 있다. 하루 종일 손자와 놀면 몸이 피곤할 것이다. 손자가 돌아간 후 '이제 내 시간이구나. 천천히 쉬어볼까.'라고 생각하면 거기서 또 다른 즐거움이 생긴다. 손자가 없는 것을 '아, 외롭다.'라고 생각하지 말고 '어제는 손자와 놀아줬더니 아주 바빴다. 오늘은 천천히 쉴 수 있다.'라고 생각하는 것이다.

이처럼 상황이 어떻게 바뀌어도 그것을 거절하거나 부정하지 않는 마음을 키우면 화가 생길 여지가 없으므로, 영원히 행복을 맛볼 수 있다.

'이게 내 삶의 보람이다.'라고 집착할 필요는 없다. 그런 것은 자신이 마음대로 정한 것이기 때문에 마음가짐에 따라 달라질 수 있다.

9

인생을 파괴할 정도의
문제는 없다

예를 들어 회사에서 괴롭힘을 당하는 경우란? 중요한 일을 맡기지 않거나, 하찮은 일만 시키거나, 어떤 일을 해도 인정해주지 않는 경우이다. 본인은 아주 괴롭겠지만 그렇다고 해서 자신이 자신의 인생을 파괴할 필요는 없다.

자신의 명랑함만은 훼손받지 않도록 지켜 가면 그런 문제는 이내 해결될 것이다.

회사가 한 사람을 해고하기 위해 그 사람에게 일을 맡기지 않는다면, 그 사람은 매일 회사에 출근해서 앉아 있기만 할 뿐이지만 남들보다 자존심이 강해서 그런 상태가 몹시 괴롭다.

만약 당신이 그런 입장에 처한다면 어떻게 할 것인가?

나(필자)의 경우라면 신문이나 잡지 등 읽고 싶은 책을 회사에 가지고 가서 발을 책상 위에 걸치고 하루 종일 읽거나 스마트폰으로 게임이나 하며 보낼 것이다. 그리고 커피나 녹차를 마시거나 모두에게 타주거나 과자를 먹으면서 보낼 것이다. 그리고 시간이 되면 정시에 퇴근을 한다. '하고 싶어도 일이 없기 때문에 나는 이 시간을 하고 싶은 대로 사용한다.'라고 그 상태를 당당하게 받아들이는 것이다.

그런 태도에 사람들이 화를 내며 '자넨 어찌 그리 태평하게 회사에서 책을 읽는가?'라고 말하면 '그럼 어떻게 하면 되지? 난 할 일이 없어서 이러고 있는데.'라거나 '당신들은 상관 말고 일을 하면 되지 얘기하고 있을 시간이 없지 않나?'라고 대답하면 그걸로 이쪽의 승리이다.

시험 삼아 당신도 시도해 보아라. 하루나 이틀 후면 문제는 전부 해결될 것이다. 자신도 즐거울 것이고 패배하지도 않는다.

없어도 좋은 허영이나 자아 등과 같은 많은 것이 있기 때문에 '이것은 회사가 괴롭히는 것이다.', '나를 해고하고 싶어 한다.', '해고하면 회사가 필요 없는 돈을 지불하지 않으면 안 되기 때문에 스스로 회사를 그만두기를 바란다.'라며 이런저런 고민을 하는 것이다.

하지만 실제로 이 회사에서 이루어지는 괴롭힘 등은 그리 대단한 것이 아니다. 그렇게 생각하기 위해서는 자신이 화를 낼 것 같으면 다음의 말을 떠올리면 좋다.

'만약 도둑이 들어와서 나를 톱으로 절단한다고 해도 나는 화를 내지 않는다. 화를 내면 나의 패배이다.'

이것으로 화는 곧 사라져버린다.

자신이 자신의 인생을 파괴할 필요는 없다. 자신의 명랑함만은
훼손받지 않도록 지켜 가면 그런 문제는 이내 해결된다.

∞ 10 ∞

자아를 버리면
자유로워진다

45세 정도 된 사람이 편의점에서 아르바이트를 하게 되면 그다지 편한 마음이 들지 않을 것이다. 그것은 '나는 이 나이에 누구나 할 수 있는 일을 하면서 돈을 번다.' 라고 생각하기 때문이다.

다른 회사에서 스카우트 제의가 와도 일하고 있는 회사를 좀처럼 그만둘 수 없다. 지금의 회사에서의 경험과 위치를 버리고 제로에서 시작하지 않으면 안 되기 때문이다. 상사가 자신보다 연하이기라도 하면 더욱 그렇다.

면접관이 30세이고 면접을 받는 사람이 45세라고 하면 면접관은 '나는 젊다.' 라는 자아를 가지고 있고, 면접을 보는 사람은 '나는 경험이 풍부한 선배이다.' 라는 자아를 가지고 있기 때문에 상호간에 거북함을 느낀다. 양쪽 다 흔히 볼 수 있는 광

경이지만 이래서는 곤란하다. 인간의 자유가 사라진 것이다.

좋은 회사며 재미있는 일이 있다는 것을 알고 있는데도 할 수가 없어지는 것이다. 그렇게 되면 월급도 많고 재미있는 일을 할 기회를 점점 놓치게 된다. 그렇지 않고 '당신은 어떤 경험을 가지고 있습니까?' 라거나 '어떤 일을 할 수 있습니까요?' 라고 순수하게 능력이나 경험에만 초점을 맞춰서 면접을 보면 좋은 결과를 얻을 수 있다.

자아가 없으면 자신의 상사가 아무리 연하라도 상관이 없다. 좋은 일을 하는 것에만 집중을 해서 즐겁게 일을 하면 된다.

이처럼 모든 문제의 원인은 자아라고 해도 무방하다. 그래서 '이름만으로 충분하다.' 라고 정하면 그것으로 모든 고민은 흔적도 없이 사라진다.

자아가 없으면 자신의 상사가 아무리 연하라도 상관이 없다. 좋은 일을 하는 것에만 집중을 해서 즐겁게 일을 하면 된다.

∞ 11 ∞

자아는
자신의 족쇄이다

인간은 반드시 어떤 직책이나 자아를 가지고 있지만 그것이 자신의 족쇄가 되기도 한다.

자아는 자신이 짊어진 십자가와 같다. 무엇을 위해 십자가를 짊어졌을까. 바로 자신을 죽이기 위해서이다. 시험 삼아 스스로에게 자존심을 가져 보아라. 화 그 자체는 스스로를 파괴해 버릴 것이다. 생각하는 대로 일이 진행되는 일은 있을 수 없고, 그때마다 화를 내면 자신을 파괴하게 된다.

자아를 가지고 살아가는 사람들은 자아와 함께 한없는 괴로움을 지닌 채 살아가고 있는 것이다. 회사와 전혀 조화를 이루지 못하고 오히려 회사와 상충하면서 살아가는 것이 된다.

예수 그리스도의 최후를 알고 있을 것이다.

예수의 처형이 결정되었을 때의 일이다. '이 사람을 죽여야만 한다.'라고 말한 사람이 십자가를 세워야 할 것이다. 그런데 잔혹하게도 그 십자가를 예수에게 옮기게 하였다.

예수는 자신을 죽일 도구를 자신이 옮겼다. 예수의 경우, 이것은 타인이 강제한 것으로 어쩔 수가 없는 일이었다.

하지만 우리는 기뻐하며 자아라는 십자가를 짊어지고 있는 것이다. 그래서 여기서 이야기하는 방법은 '자아를 버려라.'라는 것이다. 자아를 버리라고 해서 자신의 이름까지 잊어버릴 필요는 없다.

예를 들어 홍길동이라는 사람이 '홍길동 씨'라고 불러도 전혀 반응도 하지 않고 '아, 내가 홍길동이었던가? 자아가 없기 때문에 이름도 잊어버리고 있었다.'라는 상태까지 될 필요는 없다. 자신의 이름 정도는 가지고 있어도 괜찮다. 하지만 그 이외의 아무것도 소유하지 않겠다고 다짐을 하면 된다.

예를 들어 누군가 '당신은 누구십니까?'라고 물으면 '홍길동입니다.' 하는 것만으로 되는 것이다.

만약에 '당신은 누구입니까.'라고 물으면 '나는 어떤 사람이고, 이런 사람인 홍길동입니다.'라고 말한다면 그 사람은 그만큼의 괴로움을 짊어지고 있는 것이다.

자아를 가지고 살아가는 사람들은 자아와 함께 한없는 괴로움을 지닌 채 살아가고 있는 것이다.

∞12∞

'나는 잘났다' 라는 자아

우리는 왜 '나는 잘났다.' 라는 잘못된 생각을 하게 되는 것인가? 그것은 자아가 눈을 흐리게 하기 때문이다. 자신을 버리고 세계를 보고 행동하면 그와 같은 생각을 할 리가 없다.

'나는 아무것도 아니다.', '대단한 사람이 아니다.' 라고 생각하면 되는 것이다. 명문대를 졸업한 사람이라도 누군가 '당신은 이 방을 청소하세요.' 라고 하면 바로 '예.' 하고 청소를 하면 된다. 그뿐이다.

그런데 현실 사회에서는 명문대를 나온 사람이 '방 청소를 하세요.' 라는 말을 들으면 큰 문제가 될 것이다.

여성이라면 '차를 타오라.' 는 말을 듣고 고민하는 사람도 있다. 그래서 건강을 해치거나 병에 걸리거나 한다. 가만히 두고 볼 수 없을 정도의 상태가 되는 것이다.

하지만 잘 생각해 보아라. 단지 '차를 내오세요.' 라는 말을 들었을 뿐인데 고민하거나 괴로워하거나 화를 내서 자신의 건강을 해치는 것은 정말로 바보 같은 일이다.

'차를 내오라.' 는 말을 들으면 차를 내오면 된다. 딱히 대단한 일도 아니다. 회사에 가면 어차피 퇴근시간까지 회사에 속박당하기 때문에 차를 타든지 화장실 청소를 하든지 모두 월급에 포함된 일이다. 일을 하는 시간은 정해져 있고 그 시간에 할 수 있는 일도 정해져 있다. 그러므로 '나에게 차를 타게 하다니.' 라고 생각하지 말고 자연스럽게 할 수 있는 일을 하면 되는 것이다.

만일 '이것을 만 부 복사한 후 정리해서 파일로 만들어 모두에게 나누어줘라.' 라는 말을 들었다면 하루 만에는 할 수 없을 것이다. 그렇다면 며칠 동안 하면 되는 것이고, 그 사이에 또 '차를 타오라.' 는 말을 들을지도 모른다. 그렇지만 '이렇게 할 일이 많은데 차를 타오라니!' 라고 생각하지 말고 '예, 알았습니다.' 라고 차를 타오면 된다.

만약 그 일로 일이 30분간 중단된다 하더라도 일을 못 한 것에 대해서 자신이 화를 낼 필요는 없다. 명령한 사람의 탓이기 때문에 회사에서도 뭐라 할 말은 없는 것이다.

왜 화를 내는가 하면 쓸모없는 자존심이나 자아가 있기 때문이다. 그것을 버리면 나머지 일은 문제가 될 게 없다.

'나는 사장이다.', '나는 부장이다.', '나는 아내다.', '나는 남편이다.' 이런 것은 쓸모없는 개념이다.

결혼하고 나서 '나는 하늘같은 남편이다.'라고 생각하면 주종관계가 되어서 아이나 아내를 억누르게 된다. 그렇게 되면 자신을 포함해서 가정이 불행해져 버린다.

화를 내는 까닭은 쓸모없는 자존심이나 자아가 있기 때문이다. 그것을 버리면 나머지 일은 문제될 것이 없다.

∞13∞

작은
'성공'

　인생이라는 것은 무언가를 시도해서 조금이라도 성공하면 즐거운 것이다. 그렇게 우리는 평소에 '어떻게 하면 성공할까?' 라고 계획하고 살아가면 된다. 계획의 길이는 10분 정도로 충분하다. '10년 뒤에 성공하자.' 라며 어떤 계획을 세우면 그것은 괴로울 따름이다. 그렇지 않고 '10분 안에 자신이 해야 할 일을 끝내자.', '10분간 할 일을 열심히 해서 성공한다.' 라는 정도가 가장 좋다. 그렇게 하면 성공할 때마다 기쁨과 행복감을 느낄 수 있다. 그런 작은 계획을 쌓아가며 자신의 인생으로 만들어 가는 것이다. 계획의 성공을 방해하는 것은 화이다. 화를 낸 순간 계획은 실패해 버린다. 우리는 일순간에 화를 낼 것이다.

　예를 들어 편지를 쓰다가 글씨를 잘못 쓰거나 하면 그 순간

'아, 짜증난다. 실수투성이다.'라고 화를 낸다. 또 기계가 제대로 움직이지 않거나 하면 '왜 움직이지 않는 거야.'라고 하며 조건반사적으로 때리거나 발로 차거나 한다. 그때는 이미 화를 내고 있는 것이다.

'화'는 '졌다'라는 것과 마찬가지이다. 지면 분하고 슬프고 즐겁지 않다. 즉 불행을 맛보게 되는 것이다. 그리고 불행을 맛보는 것은 자신의 인생에 졌다는 것이기도 하지만, 반대로 화를 내야 하는 이유가 많지만 화를 내지 않는 경우, 그 사람은 분명하게 이긴 것이다. 평소에 보통 때라면 이쯤에서 화를 내야 할 순간에 화를 내지 않도록 해보아라. 그 후의 상황은 반드시 자신이 바라는 대로 일이 움직일 것이다. 화를 내지 않고 있는 순간에는 자신이 그 상황을 이기고 있다는 것을 확실히 느끼고 기억해 두어라. 그렇게 하면 패배자가 되지 않고 승리자가 될 수 있다.

어떤 사람들은 성공이 요행이라고 하지만 그 때문인지, 많은 사람들이 '재수가 있다.', '재수가 없다.'라고 생각하는 경향이 있다. 일이 잘 풀리지 않으면 '운이 나쁘다.', '재수 없다.'라고 하며 마음을 진정시키려고 한다. 반대로 일이 잘 풀리는 경우도, 일이 잘 풀리는 이유를 조사하지 않고 '나는 신이 돌봐주고 있다.'와 같은 이상한 말을 한다.

문제는 '재수 좋다.', '재수 없다.'라는 억지로 자신이나 타인의 행복과 불행을 납득하려고 하며 마음을 진정시키려고 하는 사고방식에 있다. 조금만 생각하면 아무래도 이상하다는 것을 깨달을 것이다. 왜 신은 어떤 사람은 돌봐주며 은혜를 베풀고, 어떤 사람은 불행의 나락으로 떨어트리는 것인가? 이성적으로 생각하면 이치에 맞지 않는 일임을 알 수 있다. 그런 억지를 부리는 것은 책임을 지고 싶지 않기 때문이다. 즉 '게으르고 싶기 때문'이다.

특별히 어떤 신비함이 있는 것이 아니다. 요행으로 얻은 큰 성공은 우연이지만, 적절히 노력하면 기대하는 결과를 얻을 수 있다. 이것은 당연한 일이다.

인간은 하늘을 날 수 없다. 만일 운명론으로 치부해 버리면 '인간은 하늘을 날 수 없는 운명이다.'로 끝이 난다. 거기서 멈춰버리면 영원히 하늘을 날 수가 없다. 그러나 인간은 과학기술을 발전시켜 하늘을 날 수 있게 되었다. 이제는 언제라도 편안하게, 식사도 즐기면서 하늘을 날 수 있다.

기대하는 결과가 있으면 거기에 이르기까지 모든 것을 분석하고 하나하나 프로세스를 밟아 가면 달성할 수 있으므로, 하기만 하면 된다. 그러나 하고 싶지 않은 사람은 그렇게 생각하지 않는다.

> 성공이나 행운은 특별히 어떤 신비함이 있는 것이 아니다. 요행으로 얻은 큰 성공은 우연이지만, 적절히 노력하면 기대하는 결과를 얻을 수 있다. 이것은 당연한 일이다.

14

지혜로써
해결방법을 찾는 모습

　누차 얘기하지만 화를 내는 사람은 패배자이며 조금의 지성도 없고, 화로 움직이는 고깃덩어리이지만, 반대로 자신의 마음에 싹튼 화를 재빨리 깨닫고 화를 내지 않는다면 멋진 일이 생긴다. '이 문제를 어떻게 해야만 하는가?'라고 생각하면 지혜가 샘솟고 상대의 화에도 이길 수 있다. 그리고 이 '이겼다'라는 자극은 아주 기분이 좋은 것이다.
　만약 어떤 사람이 '이것은 A입니다.'라고 말하고 다른 사람은 '아니오, 틀립니다. B입니다.'라고 논쟁을 하고 있다고 하자.
　하지만 거기서 세 번째 등장한 사람이 '이 사람이 옳다. 이 사람은 틀렸다.'라고 단언해 버리면 그것은 옳은 것이 아니다. '이 경우는 이게 옳은 게 아닌가?'라며 지혜로써 해결방법을 찾는 모습을 보이면 상대의 화도 진정시킬 수가 있다.

나(필자)는 개인적으로 자주 그 방법을 쓰고 있다. 다른 사람의 문제나 여러 가지를 생각해야만 할 때도 있지만 대체로 1년간의 일이라도 한 시간 이내에 해결해 버린다.

포인트는 상대의 화나 말에 휘둘리지 않고 문제에만 초점을 맞춰서 해결하는 것이다. '이렇게 상소리를 하면서 화를 내다니 나쁜 사람이구나.' 라고 생각하면 안 된다. '나쁜 건 그 사람이 아니라 화' 이다. 그래서 '그 사람은 이런 감정으로 말하고 있다. 이 사람은 이런 감정으로 말하고 있다. 그렇지만 실제로 문제는 이런 것이다.' 라고 생각해서 '문제는 이것이네요? 그렇다면 이렇게 하면 어떨까요.' 라고 말하는 것이다. 자신의 입장이나 상황, 의견을 버리면 모두가 아무런 거리낌 없이 받아들일 것이다.

그래도 상대가 자신을 공격하려고 한다면 당당하게 가르쳐 주어라. 당당하게 가르치는 것은 화가 아니기 때문에 괜찮다. 사회에도 타인에게도 폐를 끼치는 사람이 종종 있지만 그런 사람은 무지덩어리이다. 그런 경우는 그 사람에게 '두 번 다시 그런 일을 하지 마라. 그런 일을 하면 나도 나름대로 대응하겠다.' 라고 엄하게 말하는 게 좋다.

아무리 '나는 화를 내지 않는다.' 라고 해서 뒷걸음질 치며 도망갈 필요는 없다. 당당한 정신은 화와는 관계없는 것이다. 따라서 엄하게 가르칠 때도 화를 내면 당신이 패배하는 것이다.

절대로 화내지 말고 지혜와 지식을 이용해서 '당신이 또 똑같은 일을 하면 나도 분명히 되돌려주겠다.' 라고 말하면 상대도 두려움을 느낀다.

만약 여기서 화를 내면서 말을 하면 자신도 상대와 똑같은 무지한 상태가 되기 때문에 효과가 없다. 지혜와 지식이 있는 사람이라면 자신에게 손해를 주는 사람에게 손해 입힌 만큼 그대로 되돌려줄 수가 있는 것이다.

'나는 화를 내지 않는다.' 라고 해서 뒷걸음질 치며 도망갈 필요는 없다. 당당한 정신은 화와는 관계없는 것이다. 따라서 엄하게 가르칠 때도 화를 내면 당신이 패배하는 것이다.

15

화가 사라지는 웃음

화를 다스리기 위해서는 지혜가 필요하다.

지혜와 궁합이 맞는 것이 '웃음'이다. 우리는 요즘 '웃음'을 잃고 살아가고 있다.

'화'와 '웃음'은 양립하지 않기에 화를 내지 않기 위해서는 웃으려고 노력해야 한다. 인간은 웃음을 잃어버림으로써 불행해지고 있는 것이다.

우선 '웃으며 생활하고 싶다.'고 자신에게 말하라.

그리고 '나는 지금부터 잘 웃는 사람이 될 것이다. 부끄러워하지 말고 큰 소리로 당당하게 웃자.'라고 마음에서 정하고 실천하면 된다. 이해하는 것은 간단하지만 실제로 해보면 조금 어려울지도 모른다.

웃음과 화는 정반대의 성격이다.

'무슨 일이 있어도 웃는다.'라고 결심했다면 화가 나더라도 바로 웃어버리면 된다. 그걸로 화는 상당 부분 사라져버린다. 언제나 잘 웃는 것을 잊지 마라.

웃음으로써 병을 치유하는 방법도 있다고 한다.

환자를 배가 아플 정도로 웃게 만들면 성격도 밝아지고 면역시스템이 활성화되어서 나쁜 세포를 제거해 준다고 한다.

그러나 사람을 웃긴다는 것은 상당한 지혜와 지식과 이해능력이 필요한 일이다.

'보통 같으면 사람은 이럴 때 이렇게 하는 것이 올바르지만 이 이야기에서는 반대의 일이나 엉뚱한 짓을 한다.'라고 스토리를 만들어내는 것이다.

원래 상식적인 방법이라는 것이 존재하기 때문에 그것과 반대의 일을 함으로써 '웃음'이라는 작용이 생기는 것이다. 따라서 웃는 순간에는 우리의 머리가 총명해지고 사실도 명확하게 눈에 들어오는 것이다.

하지만 그중에는 누군가가 열심히 농담을 하고 있는데도 웃지 않는 사람이 있다. 그것은 왜냐하면 스토리를 전부 이해하고 있지 못하는 것이며, 머리 또한 이해하지 못하고 있는 것이다.

흔히 '농담도 통하지 않는 사람'이라는 말이 있다. 그럴 때에 우리는 그 사람에 대해 어떤 인상을 가지게 되는가?

'농담조차 통하지 않다니 질렸다. 이 사람은 바보인가?'라고 생각할 것이다.

웃을 때에는 그것과 더불어 '이해'라는 머리가 움직이고 있다. 그렇지 않으면 유머는 생기지 않는다.

우선 무조건 자주 웃어라.

웃는 순간은 행복하고 면역작용이 활성화되며 얼굴색도 아름답고 건강해진다. 그리고 잘 웃는 사람은 그만큼 모두에게 사랑을 받으며 행복해질 수 있다. 화장이나 멋을 부리는 것은 돈이 들지만 웃음만 있다면 한 푼도 들이지 않고 즐겁고 아름답고 행복해질 수가 있는 것이다.

> 웃는 순간은 행복하고 면역작용이 활성화되며 얼굴색도 아름답고 건강해진다. 그리고 잘 웃는 사람은 그만큼 모두에게 사랑을 받으며 행복해질 수 있다.

16

웃음은
강자의 증명이다

웃음에 대해서는 조금 주의해야 할 것이 있다.

여기서 말하고 싶은 것은 '웃어서 행복해져라.'는 것이지 '행복하기 때문에 웃어라.'라는 것이 아니다. '웃어서 행복해진다.'라는 경우의 웃음과 '행복해서 웃는다.'라는 경우의 웃음은 전혀 다르다. '행복해서 웃는다.'라는 것은 조금 위험한 것이다. 거기에는 함정이 있기 때문이다.

'나는 행복하다. 모든 걸 가지고 있다. 돈도 있다. 그래서 만족해서 웃고 있는 것이다.'라는 사람은 고통을 받는 경우가 많다. 그런 세계는 있을 수 없기 때문이다. 원래 세속적인 삶에서는 완전한 행복을 얻는 것은 불가능하다. 그럼에도 완벽하게 행복하다고 생각하고 만족하면 그 시점에서 보다 높은 행복을 목표로 삼는 것을 멈추기 때문에 나태로 이어지게 된다.

'나는 만족한다.', '모든 걸 가지고 있다.', '아이는 잘 크고 있다.', '남편도 문제가 없다.', '아내에게도 문제가 없다.', '회사는 잘 돌아가고 있다.', '아무런 문제도 없다.', '나는 행복하다.', '사는 게 행복하다.' 라는 것은 단지 행복에 젖어 있는 것이다. 따라서 그곳에서 생기는 웃음은 한없이 무지한 웃음인 것이다.

이처럼 '무지의 웃음'과 '무지한 게으름뱅이의 웃음'이라고 하는 두 가지를 혼동하지 마라.

인간을 행복하게 하는 것은 단순히 바보처럼 무지로 웃는 것이 아니라 '현상을 좀 더 생각해서 웃는' 지혜의 웃음인 것이다. 그럼 이런 지혜의 웃음이 가능하려면 어떻게 하면 좋은가?

간단히 말하면 지금 당장 웃는 것이다. 당장 웃으면 그것만으로 벌써 몸에 익숙해진다.

'당장 웃자.'라고 생각해도 처음에는 웃을 수 없을지도 모른다. 그래서 화를 내는 사람도 있지만 솔직한 사람은 '그래도 웃어야 한다.'고 생각하고 억지로 웃는다. 신기하게도 억지로 웃어보면 어느새 재미있는 것을 스스로 발견할 수 있게 된다.

즉 지혜가 작용하는 상태이다. 따라서 24시간 즐겁게 생활하는 사람에게는 무엇을 보아도 재미있는 것을 찾아낼 수가 있는 것이다.

예를 들어 아이들은 어디에 있어도 1분도 지나지 않아 무언가 놀 거리를 발견한다. 무엇을 주더라도 어디에 데리고 가더라도 상관하지 않는다. 1분 정도 가만히 기다리고 있으면 아이는 놀기 시작한다.

'무언가'가 있기만 하면 아이들은 놀기에 충분하지만 그것은 어렸을 때만의 경우이다.

어린아이를 웃기는 것은 아주 간단한 일이다. 농담 한 마디로 아이들은 웃어버린다. 왜 저런 일로 웃는 것인지 아이들은 알고 있지 못한다. 기껏해야 '엄마가 즐거운 것 같아서, 자신도 즐겁다.'라는 정도의 이유일 것이다.

우리가 '무슨 일이 있어도 웃자.'라고 결심했다면 재미있는 것을 발견하는 것은 어렵지 않다. 신기하게도 모든 현상에는 반드시 이상한 점이 있다.

이 세상에는 완전한 것이 아무것도 없고, 이상한 점이 없는 것은 없다. 정말로 웃고 싶으면 웃을 수 있는 대상은 무엇이든지 좋지만, 자신이 누군가에게 그것을 전하기 위해서는 자신이 스스로 해보이는 것 외에 방법이 없다.

때때로 함께 있는 사람에게 말로 그 방법을 가르쳐주려고 해도 전혀 이해하지 못한다. 따라서 어쩔 수 없이 '나는 혼자서 웃겠습니다.'라고 결심하고 혼자서 웃는 것이다.

정말로 어떤 것에서도 재미있는 것을 발견할 수 있다. '무엇 하나 완전한 것은 없다.'라는 입장으로 세계를 보면 웃음거리를 발견할 수 있다.

웃음은 강자의 증명이고 화는 패배자의 낙인이다. 즐겁게 살기 위해서 지금 웃어보아라. 그것으로 화와는 멀어지게 된다. 화를 내는 것은 패배를 전하는 어리석은 사람의 몫이다.

    지혜가 있는 사람은 망설이지 않고 웃을 수 있는 길을 선택할 것이다. 어려운 것은 아무것도 없다.

신기하게도 억지로 웃어보면 어느새 재미있는 것을 스스로 발견할 수 있게 된다. 즉 지혜가 작용하는 상태이다. 따라서 하루를 즐겁게 생활하는 사람은 무엇을 보아도 재미있는 것을 찾아낸다.

17

마음을 진정시키고
상황을 파악해야 한다

　화를 없애려면 '이해하는 것'도 중요한 포인트이다. 이것은 머리를 써서 지식적으로 이해한다는 것뿐만 아니라 '상황을, 그 배경을 포함해서 파악한다.'라는 것이다. 이를 위해서는 먼저 침착해져야 한다.
　예를 들어 아이가 '학교에 가고 싶지 않다.'라고 말하면 우리는 큰일이라고 당황한다. 그리고 '그런 말 하지 말고 어서 빨리 학교에 가라.'고 명령한다. 이 기분이 사실은 화인 것이다.
　만일 이때 냉정하게 마음을 진정시키고 조금이라도 이해하려고 한다면 '아이의 마음속에 학교에 가고 싶지 않은 이유가 있을 것이다.'라고 생각할 것이다.
　이것을 이해하지 못하는 사람은 하찮은 망상으로 '공부가 하기 싫어서 큰일이다.'라거나 '남들이 알면 얼마나 부끄러운가?' 또는 '옆집 아이는 학교에 잘 다니는데.' 라는, 결국 자신의 일밖에 생각하지 않는다. 그래서 잘 생각하지도 않고 '학교에 가.' 라고 말해 버린다. 아이는 한 사람의 인간이지 부모의 노예가 아니다.

이런 경우는 먼저 '아, 그러니?' 라고 말하고 나서 상황을 파악해 보아야 한다. '아이가 학교에 가고 싶지 않은 어떤 이유가 있구나.' 라고 생각한 순간 마음은 냉정해진다. 그러면 얼굴 표정도 '큰일이다.' 라는 속마음이 나타나지 않고 웃으면서 이야기할 수 있다. 아이에게도 그런 마음은 곧 전달된다. 그리고 '학교에 가고 싶지 않은 이유라도 있니?' 혹은 '내가 어떻게 해줬으면 좋겠니?' 라고 물어보는 것이다. 아무런 도움이 되지 못할 경우라도 '나한테 얘기해 보면 어떨까?' 라는 말 정도는 할 수 있다.

이야기 도중에 자신의 일밖에 생각하지 않는 어머니로 돌아가지 않도록 주의하라. 그 아이의 마음의 파장에 맞춰서 이야기를 듣고 문제를 이해하려고 하면 해결방법은 나오기 마련이다.

남편이 아주 나쁜 기분으로 집에 돌아왔다고 하자. 하지만 그때 아내까지 토라져서 화를 내고 대응한다면 절대로 좋을 리가 없다.

이럴 때에 '아, 오늘은 좀 기분이 나쁜 것 같다.' 라고 냉정하게 생각하고 대하면, 이유를 들어볼 수 있을 것이다.

일의 세계에서도 마찬가지이다.

어떤 사람이 실적을 올리고 싶어서 다른 사람에게 일도 정보도 주지 않고 자신만 여러 가지 일을 하고 있다고 하자.

그래서 회사 상황이 점점 나빠지면 냉정하지 못한 상사라면 '보고도 하지 않고 제멋대로 일을 해서는 곤란하다.'라고 곧 화를 낼 것이다.

이럴 때 냉정함을 잃지 않는다면 '이 사람은 자신의 실적을 올리고 싶어서 열심히 노력한다.', '이건 단순한 허세다.', '이 사람은 정말로 이 일을 할 수 없다. 하지만 회사에 보고하면 회사는 능력 있는 다른 사람에게 일을 맡길 것이기 때문에 혼자서 하려고 한다.'라는 그 사람의 사정을 고려해 볼 수가 있는 것이다.

그러면 해답도 나온다. 그대로 문제가 없는 경우라면 그냥 내버려두는 것이다. 내버려두어 회사에 위험할 것 같으면 '우리가 알아서 할 테니 당신은 다른 일을 하세요.'라고 말하면 되는 것이다.

그런 '작은 배려나 냉정함'도 화를 없애는 하나의 방법이다. 비록 자신이 실패해서 혼이 났다고 해도 기분 나빠하지 말고 '내가 이런 실패를 했기 때문에 이 사람은 이런 식으로 말하고 있는 것이다.'라고 객관적으로 판단할 수 있다.

마음의 냉정함과 침착함은 그 자리에서 금방 키울 수 있는 것이다.

화를 없애려면 '이해하는 것'도 중요한 포인트이다. 이것은 머리를 써서 지식적으로 이해한다는 것뿐만 아니라 '상황을, 그 배경을 포함해서 파악한다.'라는 것이다. 이를 위해서는 먼저 침착해져야 한다.

∞ 18 ∞

상황을 이해하면 해결방법이 보인다

무슨 일이 있어도 화를 내지 않는 것을 실천할 수 있게 되었다고 하자. 하지만 자신은 침착하게 있지만 주위의 사람이 화를 내는 경우가 있다. 이런 경우 어떻게 하면 되는가?

그때에는 평소보다 더 냉정하게 객관적으로 사물을 보아야 한다.

예를 들어 회사에서 부장이 화를 내면 이렇게 생각하는 것이다.

'이 사람은 부장이니까 부장의 입장에서 이야기하고 있는 것이다. 나도 부장이 되면 아마도 저럴 것이다. 어차피 우리의 일은 실패가 많기 때문에 그 사람은 나를 혼낼 수밖에 없다. 그러니 그 사람도 피해자다.'

예를 들어 시어머니에게 괴롭힘을 당하는 며느리도 마찬가지이다.

'시어머니는 피해자다. 자신이 지금까지 여왕처럼 모두 지배해 왔는데 아들을 빼앗기고 외부의 사람에게 권력을 빼앗겼다. 지금은 홀로 외톨이가 되었으니 피해자다.'

이처럼 상대의 상황을 이해하면 바로 해결방법이 보인다. '자신이나 상대가 피해자다.' 라고 생각하는 것도 한 가지 방법이다.

상대와 똑같이 화를 내는 것이 아니라 '이 사람에게는 자신감이 없고 불안하기 때문에 사람을 괴롭히고 비방하고 무시하려고 하는 것이다. 내 능력을 무시하려는 것은 이 사람에게 능력이 없기 때문이다. 이 사람은 자신의 화를 표현하고 있는 것일 뿐이다. 불쌍한 피해자다.' 라고 그 사람의 마음을 살펴주어야 한다.

상대의 상황을 이해하면 바로 해결방법이 보인다. '자신이나 상대가 피해자다.' 라고 생각하는 것도 한 가지 방법이다.

'화내지 않는 것'은 기적을 가져온다

　화를 내고 있는 사람이나 자신을 비방한 사람에게 화를 내지 않는 것을 한 번이라도 도전해 보면 상대가 자기편이 되거나 아무도 손해를 보는 일 없이 이길 수 있다는 것에 놀랄 것이다. 상대는 자신을 불합리하게 비방하고 있는 것이다. 그렇지만 화를 내지 않고 여유 있게 '뭐, 그렇게 말하는 건 자유니까? 내가 남의 화까지 조절할 수 없으니까?' 라고 대수롭지 않게 여기면 어떻게 되는가?

　상대가 심하게 화를 내고 있을 때에도 개의치 않고 여유롭게 있는 사이에 신기하게도 상대도 화를 멈추고 이윽고 웃게 되어 사이가 좋아지게 된다. 그리고 계속 같은 편이 되어서 두 번 다시 자신을 비방하거나 화를 내거나 하는 일은 없어질 것이다.

이것은 실제로 실행해 보면 주문이나 기적과 같이 느껴질 것이다. 사실 '화내지 않는 것'은 진정한 기적을 일으킨다. 이론적인 이야기일 뿐 기적이라고까지 할 수는 없지만 적이 차례로 자신의 편이 되어버리는 '기적'인 것이다.

그뿐만이 아니라 그 화가 없는 상태의 힘으로 인해 금방 자신감이 넘치는 인간으로 성장한다.

실제로 실행해 보면 탐욕이 없는 상태, 이성이 있는 상태의, 선의 에너지를 느낄 수 있게 된다. 그리고 과거의 일은 달콤한 추억이 되는 것이다.

'화내지 않는 것'은 진정한 기적을 일으키는 것이다. 이론적인 이야기일 뿐 기적이라고까지 할 수는 없지만 적이 차례로 자신의 편이 되어버리는 '기적'인 것이다.

20

타인이 토해낸 썩은 음식을 먹을 필요는 없다

　화는 눈사람처럼 불어나기 때문에 대체로 화를 내는 사람은 화를 주체할 수 없는 상태가 된다.

　화를 스스로 없애지 못하는 사람은 자신의 마음에 화의 독이 생기면 그 에너지를 외부로 표출하지 않으면 안 된다. 따라서 화를 내고 있는 사람은 그 때문에 지껄이고 있는 것일 뿐이다.

　능력이 없는 상사가 유능한 부하직원을 혼내고 있다고 하자. 그런 경우는 혼이 나고 있는 부하가 마음속에서 '이 사람은 나이도 많고 능력도 없다. 그래서 걱정되고 고민이 되어서 그 스트레스를 발산하고 있는 것이나. 그러니 그 상태에서 건져주자.'라고 생각하면서 그 사람의 이야기를 들어주면 되는 것이다.

이야기는 들어줘도 상대의 화를 감정적으로 받아들여서 주눅이 들 필요는 없다. 그 사람은 자신의 몸에 쌓인 쓰레기를 외부로 표출하고 있는 것일 뿐이기 때문에 일부러 자신이 쓰레기통이 될 필요는 없다.

화를 내고 있는 사람의 상태는 어떤 안 좋은 음식을 먹고서 배탈이 나서 토하는 것과 같다. 그 사람의 말과 행동은 쌓여 있는 독을 내뱉고 있을 뿐이기 때문에 속이 깨끗해져서 냉정을 찾을 때까지 마음껏 내뱉게 해주어라. '저 사람이 토해낸 것을 먹고 나까지 배탈이 날 필요는 없다.' 라는 태도면 된다.

원래 아무리 맛있던 것이었더라도 먹고 토해낸 것을 주워서 먹을 필요는 없다.

화도 그것과 똑같다. 화를 내는 사람들은 자신이 먼저 화를 낸 다음 다른 사람의 화를 유도한다. 몸에 안 좋은 것을 먹고 그것을 토해내고 누군가에게 먹이려고 하는 것과 마찬가지 상태이다.

그러니 그런 것을 주워서 먹어서는 안 된다. 주위의 사람이 화를 내고 이야기하고 있는 것에 휩쓸려서 자신도 화를 내는 것은 '썩은 음식을 먹은 사람이 토해낸 것을 주워서 먹는 것과 같은 것.' 이라고 생각하라. 절대로 받아들여서는 안 된다. 마음을 그런 상태까지 키우면 상대의 화에 대응해서 화를 내는 일은 없을 것이다.

화를 내는 사람들은 자신이 먼저 화를 낸 다음 다른 사람의 화를 유도한다. 몸에 안 좋은 것을 먹고 그것을 토해내고 누군가에게 먹이려고 하는 것과 마찬가지 상태다. 그러니 그런 것을 주워서 먹어서는 안 된다.

∞ 21 ∞

자아가 생기는 프로세스

　큰 집에 살고 있는 부자가 거실과 서재, 몇 개나 있는 침실에 각각 1대씩, 게다가 욕실에 1대…… 라는 식으로 TV를 놓아두고, 모두 합쳐서 14대의 TV를 가지고 있는 정도는 좋을지 모르지만, 사람들 모두가 TV를 14대 가지고 있는 것이 아니다. 한 사람 한 사람이 적량·적도를 판별해야 한다는 것이다.
　'적량·적도를 알면 무한의 괴로움은 적도의 괴로움이 된다.'라는 말은 아주 논리적인 법칙이다. 에고로부터 무한의 괴로움이 생기고, 그리고 무한의 괴로움에서 무량의 화가 생긴다. 그것은 '지키고 싶다.'라고 끝없이 생각하는 자아가, 자신을 파괴해 버리는 프로세스가 된다. 그렇게 되지 않기 위해 '적도를 안다.'라는 법칙을 분명히 기억하라.
　다음으로 자아는 그 자체가 착각이고, '이런 느낌으로 생긴다.' 라는 프로세스를 배워보겠다.

　예를 들어 어딘가 아플 때, '아프다.' 고 생각한다. 손발이나 몸이 아파서 '아, 내가 아프다.' 라고 느끼는, 그때 관찰하는 것이다. 〈사실은 '내가 아프다.' 가 아니라 처음에는 아픈 장소에 괴로움의 감각이 생기고, 거기에 '나는 아프다.' 라는 식으로 '나' 가 끼어드는 것이다.〉라고 잘 관찰해서 알아보는 것이다.

　허리가 아픈 경우, 그 아픈 장소에 '나' 는 없다. 그저 허리 그 부분이 아플 뿐이다.

　사람의 말을 듣고 화가 난 경우도 마찬가지이다. 정말로 생긴 것은 귀로 소리를 느끼고 있는 곳뿐이며, 그것을 뇌로 이해하고 '나' 가 화를 내고 있는 것이다.

　그러나 그 화내고 있는 '나' 는 나중에 끼어든 것이다. '왜 당신은 나에게 그런 말을 하는가.' 라고 자아는 반드시 나중에 끼어든다. 뇌가 멋대로 그렇게 인식할 뿐이다.

　다리가 아픈 경우, '다리에 통증이 있다.' 는 사실을 뇌가 해석해서 '나의 발이 아프다.' 라고 하는 것이다. 그러나 사실은 다르다.

　바르게 하자면 '다리에 통증이 있다.' 이지만 우리는 그 오해에 대해서는 그다지 신경을 쓰지 않는다.

　정보가 들어오고 감각이 생긴 순간, 그저 단순히 어디에서라고 할 것 없이 '자아', '나' 가 끼어드는 것이다. 그 '나' 는 현실이 아닌 착각이다.

　감각이 생기면 갑자기 본 것만으로, 들은 것만으로, 맛보는 것만으로, 냄새를 맡은 것만으로, 몸으로 느낀 것만으로, 생각한 것만으로, '나'가 끼어든다. 끼어드는 '나'는 망상개념이며 환각이다.

정보가 들어오고 감각이 생긴 순간, 그저 단순히 어디에서라고 할 것 없이 '자아', '나'가 끼어드는 것이다. 그 '나'는 현실이 아닌 착각이다.

22

화를 내지 않는 것은
행복하기 위한 길이다

화를 내는 사람은 정신적으로나 육체적으로나 약하다. 용기가 전혀 없기 때문에 언어적 폭력으로 상대를 억압하려고 생각하고 있는 것뿐이다.

사회에서도 여러 가지 무기를 만들어서 '강해지자'라고 생각하는 것은 본질이 약하고 한심하기 때문이다.

반대로 말하면 우리는 화를 내지 않음으로써 정신적으로나 육체적으로 아주 강한 인간이 될 수 있다. 사회적인 언어로 말한다면 평화를 이야기하는 사람이 강자이며 '져서는 안 된다. 싸우자.'라고 하는 사람은 약자이다.

평화에 필요한 것은 용기이다. 반대로 전쟁은 약함에서 기인하는 것이다.

우리는 '화를 내는 것은 꼴불견이다.'라는 것을 분명하게 이해하고 화를 낸 시간을 부끄러워해야 한다.

만약 화를 냈다면 바로 '아, 나는 약하다. 정신적으로나 육체적으로나 약하다.' 라고 생각하라.

혹시 당신들은 이 말에 비방당하거나 쓰레기 취급을 당한 것 같은 느낌이 드는 사람이 있을지도 모른다. 하지만 그것은 의도적인 것이다. 그런 말에 만약 화가 난다면 '이 사람은 나를 비방하고 있는 게 아닌가.' 라고 화를 내지 말고 '자신의 그 화' 를 싹 지워라.

화를 '더러운 쓰레기다.', '실수투성이다.' 라고 생각하고 부끄러워하라. 그렇지 않으면 화라는 것은 없앨 수 없다.

'화' 는 인간의 불행 그 자체이다.

우리 모두는 행복하게 살아가야 한다. 비록 1분 1초라도 고통스럽거나 고민할 필요는 없다.

분해하거나 '아, 졌다.' 라고 생각하는 것은 불행이다. 따라서 마음은 항상 기쁨을 느끼면서 언제나 밝고 즐겁게 생활하기를 바란다.

짧은 인생, 괴로워하거나 고민할 필요는 없다. 마음가짐에 따라 누구나 행복하게 살아갈 수 있는 것이다.

그러기 위해서는 우리의 불행을 초래하는 '화' 만은 절대로 마음속에 들이지 말아야 한다.

그렇게 하면 이내 그 자리에서, 그 순간에, 우리는 행복을 맛볼 수 있을 것이다.

동시에 화를 치유하는 훈련을 쌓음으로써 지혜도 성장하고 사물을 보는 시야도 점점 분명해진다.

'화를 내지 않는 것'을 실천하는 것은 지혜를 추구하고 한층 행복해지기 위한 길이다.

짧은 인생, 괴로워하거나 고민할 필요는 없다. 마음가짐에 따라 누구나 행복하게 살아갈 수 있는 것이다. 그러기 위해서는 우리의 불행을 초래하는 '화'만은 절대로 마음속에 들이지 말아야 한다.

욱하는 마음 다스리기 (개정판)

개정판 1쇄 발행 ‖ 2020년 11월 20일

지은이 ‖ 알루보물레 스마나사라
옮긴이 ‖ 강성욱
엮은이 ‖ 편집부
펴낸이 ‖ 김규현
펴낸곳 ‖ 경성라인
주 소 ‖ 경기도 고양시 일산동구 백석동 1456-5
전 화 ‖ 031) 907-9702
팩 스 ‖ 031) 907-9703
E-mail ‖ kyungsungline@hanmail.net
등 록 ‖ 1994년 1월 15일(제311-1994-000002호)

ISBN ‖ 978-89-5564-182-0 (03150)

* 책값은 뒤표지에 있습니다.
* 잘못 만들어진 책은 구입하신 곳에서 바꾸어 드립니다.
* 경성라인은 밀라그로의 자회사입니다.